U0898826

美洲华人简史

DIÁSPORAS CHINAS A LAS AMÉRICAS

［秘］欧亨尼奥·陈－罗德里格斯
(Eugenio Chang-Rodríguez)　著

翁妙玮　译

新世界出版社

图书在版编目（CIP）数据

美洲华人简史 / (秘) 欧亨尼奥 · 陈 · 罗德里格斯著；翁妙玮译 . -- 北京 : 新世界出版社, 2021.9
ISBN 978-7-5104-7334-0

Ⅰ . ①美… Ⅱ . ①欧… ②翁… Ⅲ . ①华人—历史—美洲 Ⅳ . ① D634.37

中国版本图书馆CIP数据核字（2021）第170829号

美洲华人简史

作　　者 : [秘] 欧亨尼奥 · 陈 – 罗德里格斯
译　　者 : 翁妙玮
责任编辑 : 吴伶伶
装帧设计 : 贺玉婷
责任校对 : 宣　慧
责任印制 : 王宝根　苏爱玲
出　　版 : 新世界出版社
网　　址 : http : //www.nwp.com.cn
社　　址 : 北京西城区百万庄大街 24 号 (100037)
发 行 部 : (010) 6899 5968（电话）（ 010 ）6899 0635（电话）
总 编 室 : (010) 6899 5424（电话）（ 010 ）6832 6679（传真）
版 权 部 : +8610 6899 6306（电话） nwpcd@sina.com（电邮）
印　　刷 : 三河市骏杰印刷有限公司
经　　销 : 新华书店
开　　本 : 710mm × 1000mm　1/16　尺寸 : 170mm × 240mm
字　　数 : 200 千字　　印张 : 15.5
版　　次 : 2021 年 9 月第 1 版　2021 年 9 月第 1 次印刷
书　　号 : ISBN 978-7-5104-7334-0
定　　价 : 56.00 元

序　一

《美洲华人简史》是欧亨尼奥·陈－罗德里格斯（陈汉基）教授长年细致认真研究的成果，同时也凝结了他对人类历史上许多重要价值观的深刻思考。这部作品囊括了一个漫长的时期，这一时期美洲国家深受中国移民影响。陈教授这一研究让人赞叹之处，不仅仅在于他介绍了这一漫长的历史时期关键的方方面面，更在于他对这一时期纷繁复杂的数据和信息的介绍如此严谨、有序和清晰，他的研究有助于我们加深对这一历史时期的了解。

在中国移民潮的第一阶段，中国人来到美洲，在半奴隶或者说暗无天日的奴隶状态下，从事着异常艰辛的劳作，劳动条件大多数时候是非人的，他们能够幸存下来完全得益于中华民族祖先传承下来的坚忍，也正是这种精神帮助他们渐渐克服了种种不适而生存了下来。接着是移民们融入当地社会的阶段，本书详细描写了这一过程的方方面面：跨种族通婚，新文化模式的学习，后代们从语言到政治在当地社会的融入，传统风俗的家庭传承。中国移民们通过努力改善了生活条件，随着时间的流逝，许多人完全融入当地社会中，也因此我们看到在美洲各国的杰出职业人士中有许多的中国姓氏。从这个复杂的迁徙和定居过程中，我们明显地感受到华裔给当地社会带来的积极影响。华人重视自己文化中历史和传统的缔造者以及缔造者所起到的重要作用，因此，华裔移民也在当地积极传播祖先的文化和传统。本书作者着重分析了《论语》中的孔子思想，认为孔子是中华民族许多优良传统当之无愧的缔造者。本书还分析了中国哲学中关于人类息息相通、休戚与共、和谐共处等共同发展观，与此同时，陈教授也高度颂扬了中华民族在这个多种族世界上的重大价值。

“天”这个概念很难给出一个明确定义，它出现在中华传统的不同的文本和语境中，它暗含的意思、意味以及因果关系形成了一个复杂的、值得深入分析和思考的主题。在中国传统信仰中，存在着皇权和天命的直接关联。也因此，每年在天坛，皇家会以隆重的形式祈求并且感恩庄稼收成。庄稼的丰收无疑是中国这个传统农业国赖以生存的命脉，而天坛就是这个传统关系中突出的建筑代表。以下是我引用的儒家概念中的“天”：

> 子曰：“吾十有五而志于学，三十而立，四十而不惑，五十而知天命，六十而耳顺，七十而从心所欲，不逾矩。”（《论语・为政篇》[①]）
>
> 王孙贾问曰：“与其媚于奥，宁媚于灶，何谓也？”子曰：“不然。获罪于天，无所祷也。”（《论语・八佾篇》）
>
> 子贡曰：“夫子之文章，可得而闻也；夫子之言性与天道，不

① 原文为“Analectas, Ⅱ, 4”，译为“论语，Ⅱ，4”。为尊重中国读者阅读习惯，编者做了适当调整。下文涉及引用《论语》内容的注释均做了类似调整。——编者注

可得而闻也。”（《论语·公治长篇》）

子曰：“天生德于予，桓魋其如予何？”（《论语·述而篇》）

子曰：“大哉尧之为君也！巍巍乎，唯天为大，唯尧则之。荡荡乎，民无能名焉。巍巍乎其有成功也，焕乎其有文章！”（《论语·泰伯篇》）

子曰：“莫我知也夫！”子贡曰：“何为其莫知子也？”子曰：“不怨天，不尤人，下学而上达。知我者其天乎！”（《论语·宪问篇》）

子曰：“道之将行也与，命也；道之将废也与，命也。公伯寮其如命何！”（《论语·宪问篇》）

孔子曰：“君子有三畏：畏天命，畏大人，畏圣人之言。小人不知天命而不畏也，狎大人，侮圣人之言。”（《论语·季化篇》）

子曰：“予欲无言。”子贡曰：“子如不言，则小子何述焉？”子曰：“天何言哉？四时行焉，百物生焉，天何言哉？”（《论语·阳货篇》）

据说孔子还是小吏之时，负责一个偏远地区的粮食管理，有人试图贿赂他，并对他说：“暮夜无知者。”孔子回答说：“我知，你知，天知。何谓无知？”

儒家是一门宗教吗？如果宗教意味着神圣的殿堂或者庙宇、仪式和礼仪、等级和神父、教条和信仰，那么儒家不是宗教。但是宗教也可以被认为是人类和超然存在、人类和良知以及诚实行为的关系。我们同时也应该将孔子的言行放入他那个时代背景来理解其真实的意图。

孔子的直接继承者孟子曾经劝说周围的人："当俯仰无愧天地。"孟子阐释了我们如何充分解放思想才能了解自己的天性，因为他认为我们只有充分发挥本性才能了解天意。

关于孔子思想的灵性，儒学研究专家姚新中认为，天是根源，天被认为是超越一切的能力。据信，孔子思想是其观天地后得出的结论。

《易经》研究者认为，古老的智者们试图想要找到"天"的模式、"地"的秩序，并由此理解万物的因果、了解生死轮回。中文字"天"被定义为"最高级的根本"，并被认为它的笔画包括了"一"，饱含了天地万物的"一"。

在中国古代信仰以及儒家思想中，"天"这个概念有丰富的自然、人体、精神以及思辨意味。它是精神以及物质的最高的神，是伦理的根源、人类命运的终点以及理解宇宙的核心。它包含了神圣的意味，所有的孔祠里都能目睹它的存在，因此，按照李约瑟（Joseph Needham）的观点，儒家在这个意义上是一种真正的宗教。"天"具有超越万物的能力，它保证了思想和身体的和谐、精神和世俗的和谐、人类天性和人类命运的和谐。

许多的新道教弟子（人类纪元的第二个世纪之后的宗教活动，以之前的道家哲学思想和公元 1 世纪传入中国的印度佛教为基础创立）认为，孔子是所有智者中最伟大的。在《论语·先进篇》，孔子说："回也其庶乎，屡空。"著名道教思想家顾欢（420—483 年）观察到："智者和重要人物的区别在于，后者追求无欲，而前者本身无欲。因此，智者的头脑完全放空。道家子弟，尽管承自道学，仍然认为孔子比老子和庄子伟大。孔子从来不提遗忘，因为他完全遗忘了自己曾经学过要去遗忘；他也不提无欲，因为他完全不需要追求无欲。”

魏晋正始玄学的主要代表人物之一王弼（226—249 年）说：“孔子和‘无’可以画等号：自我‘不存在’，也完全不提自我。而老子和庄子从来没有离开过‘我’的范畴：自我‘存在’，因此他们谈论自我的不足。”这一解释反映了老子的思想：“知者不言，言者不知。”（《老子》，第五十六章）

16 世纪耶稣会进入中国后，他们最具争议的问题之一就是：皈依的基督徒是否可以参与儒家仪式。这是导致耶稣会被梵蒂冈禁止的主要原因，同时也是 18 世纪初康熙皇帝驱逐耶稣会的重要原因。当时在北京的耶稣会成员撰文指出儒家举行的并非宗教仪式，而是子孙表达对祖先敬意的一种方式，当人们祭天的时候，这些祭祀并非指向头顶上的蓝天，而指向心中万物的缔造者。

中华文化在美洲的影响表现在食物、节日以及传统美德中，诸如耐心、勤奋、诚实、与人为善、慷慨无私、为他人服务，以及遵从儒家价值导向的个人和社会行为。

文化是一个民族传统价值观的总和。从美洲国家的中国移民以及他们后代的文化养成中，我们可以看出华人的劳动能力、他们在艰难困苦面前的坚忍、家庭的团结、子女的孝敬、对逝者的尊重，以及对儒家思想的传承，儒家思想指导着他们族群之内、他们与周围族群之间以及他们和“天”之间的关系。

我们感激陈汉基教授多年的研究和思考以及他呈现在读者面前的成果。

借此机会，我希望本书在供我们学习、带给我们阅读愉悦的同时，也能够让我们更好地了解华人移民美洲这个漫长的过程，以及这个进程对人类历史带来的种种影响。

是为序。

Guillermo Dañino

（吉叶墨·达尼诺）

于秘鲁利马

2015 年 2 月

序　二

请允许我以如下的引文开篇：

> 今天的拉丁美洲和加勒比，已成为一支快速崛起的重要新兴力量，在全球经济治理、可持续发展等重大问题上发挥着日益重要的建设性作用。作为拉美和加勒比人民的好朋友、好伙伴，中国人民感到由衷高兴。我们坚信，拉美发展得越好，对世界和平与发展越有利。①

这段充满激情以及真诚合作意愿的话出自中国前总理温家宝之口，这番话是温总理于 2012 年 6 月 26 日在圣地亚哥联合国拉丁美洲和加勒比经济委员会上发表的演讲中的一段。这段话肯定了拉丁美洲和加勒比的全球战略性地位以及该地区和中国的紧密联系，这是双方几个世纪以来多方面合作的成果，这也预示了双方未来的战略伙伴关系——目前中方高层公开使用的语言——双方都希望保持和发展互惠关系。在 21 世纪的前 12 年，

① https://www.mfa.gov.cn/esp/zxxx/t945730.shtml。——译者注

中国和拉丁美洲的贸易往来增长了21倍[①]，与此同时，拉丁美洲向中国这个大国的出口同期增长了25倍。如果我们能够保持这个发展势头的话，2014—2016年，双方的贸易往来将会超过4000亿美元。

到2020年，中国作为拉美和加勒比地区出口国的重要性将会大大加强，同时也很有可能从2015年开始，中国将代替欧盟成为整个拉丁美洲和加勒比的继美国之后的第二大商业出口国[②]。这些互惠的双边关系也促成中国积极和拉丁美洲的合作伙伴国（包括智利、秘鲁和哥斯达黎加等国）签署了自由贸易协定。仅仅于2010年，中国企业在我们地区的投资已经超过150亿美元，这个数字使得中国企业一跃成为第三大外来投资方。在一些国家诸如秘鲁，中国已经成为矿区的最主要外国投资方。

经过中拉现实的详细分析，拉丁美洲和加勒比经济委员会确认双方关系已经足够成熟，可以实现质的飞跃，双方同意增加往来，并且实现企业、商业和技术联盟。

面对这个喜人的经济增长和合作前景，以及中国投资在拉丁美洲国家经济中的重要作用，人们不禁会问：为什么这两个如此遥远，而且文化传统相差如此之大，甚至政治制度迥然相异的地区，正在大踏步地迈向双方紧密合作的前景？或许这个问题的部分答案在于双方共同的历史以及华人几百年来在这一地区起到的作用。如果不研究拉丁美洲社会发展的模式形

①《推动和中国的贸易以及投资》，拉丁美洲和加勒比经济委员会，2013年11月。——作者注（以下未标注者，均为作者注）

②《中华人民共和国和拉丁美洲以及加勒比：关于经济和商贸合作的新阶段》（*La República Popular China y América Latina y el Caribe. Hacia una nueva fase en el vínculo económico y comercial*），拉丁美洲和加勒比经济委员会，2011年6月。

态以及中国移民在此过程中的影响，人们就无法理解为什么世界上两个如此不同的地区能够联合通商。华人的移民始于 16 世纪，1565 年 10 月 8 日最早一批华人乘坐“圣保罗号”海船抵达阿卡普尔科，也由此开通了海上丝绸之路，开始了马尼拉帆船长达 2 个多世纪直到 1815 年的海上贸易。之后，从 19 世纪中期以后，中国尤其是广东地区的移民大规模进入了拉丁美洲[①]。

在对拉丁美洲以及加勒比中国移民的研究中，欧亨尼奥·陈－罗德里格斯（陈汉基）教授的作品奠定了坚实的基础[②]。陈教授，作为纽约城市大学退休的拉丁美洲文学和语言学教授，倾尽他毕生学养和研究为我们提供了一幅中国移民的过去以及未来的历史图景。陈教授的研究结果显示，华人移民或主动或出于困境被动地移民本地区后，成为许多国家经济、社会、文化发展的重要力量。

陈教授不仅仅是中国移民敏锐而细心的观察者，他同时也向我们展示了他个人的品质以及生活经历，他作为土生秘鲁华裔的经历也正是本书的灵感来源。在他的童年时期，他父亲和他分享了自己的回忆、经历，并给年幼的他描述了中国的不同地方，这些记忆渗透在本书的每一页中。这也毫不令人意外，因为在陈教授的祖国也正是我的国家，据估计大约 10% 的人口有中国血统。

---

①《中华人民共和国和拉丁美洲以及加勒比：关于双方战略关系》（*La República Popular China y América Latina y el Caribe. Hacia una relación estratégica*），拉丁美洲和加勒比经济委员会，2011 年 6 月。

② 陈汉基的《两股火焰之间：追忆美洲和亚洲》（*Entre dos fuegos, reminiscencias de las Américas y Asia*），利马：Fondo Editorial del Congreso del Perú, 2005 年。

我们中的许多人并没有清晰地认识到拉丁美洲和加勒比的历史脉络中多大程度地渗透着中国和亚洲文化的因子。其中一个典型的例子是墨西哥的一种叫“china poblana”（意为“普埃布拉的中国姑娘”）的传统服饰。它实际上是一种传统女式服装，是典型的墨西哥服饰，就像是墨西哥叫“查罗”（charro）的传统牛仔服一样带有鲜明的民族特征。但是，在这个叫“中国姑娘”的传统服饰背后却有一个美丽的传说：传说中新西班牙（也就是殖民时期的墨西哥）的总督在17世纪初曾经向亚洲请求要一个女奴，经过种种艰难险阻，女奴到达了墨西哥，但是她并没有被交付给总督，而是让普埃布拉的一位商人买去了。尽管她带着“中国”的称号，但是极有可能她来自菲律宾或者印度，因为她身着印度纱丽。而这种被当时的人们认为源于中国的服饰纱丽极大地影响了墨西哥的女式服装风格，许多墨西哥女性开始模仿这种衣饰，慢慢地将它当成墨西哥传统服装，尽管它最初来源于亚洲。这位引发墨西哥时尚风潮的女奴好像叫米拉（Mirra），但是来到墨西哥后她改名为卡塔琳娜·德·圣·胡安（Catarina de San Juan），最后应该是葬于普埃布拉的一个寺庙中。她所带来的灵感在民众的想象中仍然那么鲜活，就像“普埃布拉的中国姑娘”这种传统服饰一样，今天仍然让墨西哥姑娘们光彩照人。

在陈教授的书中，古巴历史上的中国医生所起的作用也一样让我们惊叹，尤其是胡安·陈－邦－毕阿（Juan Cham-Bom-Biá），这是岛上人们按照他的原名陈庞翩给他取的古巴名字。陈医生于1854年开始在岛上定居，他应该是最早把中医介绍到古巴的先驱之一，而后来中医在古巴的马坦萨斯省和卡德纳斯城获得了巨大成功。陈医生的精确诊断和有效医治使得当地人将他奉为城里医学界的神明。也因为胡安·陈－邦－毕阿的高明医术，当地人如果说起回天乏术的疾病时通常会用一句谚语：“这病连中国医生都没有办法了。”

拉丁美洲受中国文化影响最深的国家之一是秘鲁。就像陈教授描述的那样，亚洲的影响早在拉丁美洲被殖民的时期就存在了。在1613年秘鲁的人口登记资料上，我们能看到如下记录：“38名中国人或者菲律宾人，20名日本人，剩下56人是葡属印度来的”，最后这56人其实是马来西亚和柬埔寨人。

中拉关系最初的核心是贸易，主要是商品交易。西班牙国王费利佩五世开始波旁王朝改革后，慢慢地取缔了各种贸易壁垒，以便加强西班牙与其殖民地之间的商贸，同时也着重强调了殖民地对宗主国王室缴纳税款的重要性，也就是所谓的“王室五一税”。前秘鲁驻中国大使陈路 (Luis Chang Reyes) 也是个土生秘鲁华裔，他在外交部的档案库中找到一份1708年西班牙王室的命令，这份文件时至今日仍然适用，如果我们考虑到今日中国出口秘鲁的纺织品的规模之大的话。这份文件写道：

> 关于进口的未上税的中国衣物在给我们带来了巨大的好处的同时也造成了重大伤害……因此我命令所有的内陆港口按照第八套法律的第14条严查未上税的中国进口衣物……任何违反此规定的人员将被剥夺公职并且施以更大惩罚，与相关案件有连带关系的官员也将被彻底清查。钦此。

这份档案听起来就像是出自一个抵制中国纺织品进口的秘鲁现代海关关长下发的文件。

随着19世纪中期中国劳工进入秘鲁，中秘联系强化的同时也涌现出了一些问题。1876年，秘鲁人口普查显示在2 699 160总人口中，华裔大约有49 956人。根据作家、记者马里利亚·巴尔维（Mariella Balbi）在她的作品《秘鲁中餐馆》（*Los Chifas del Perú*[①]）中记录的那样，中国移民得以完全融入当地社会得益于中餐。自20世纪20年代起，去利马中国城中心的卡彭街上吃中餐已经成为一种时髦。中餐是如此的流行以至于秘鲁人开始叫它“吃饭”（chifa），来自广东话的sek fan（吃饭）或者chiufan（煮饭），时至今日秘鲁人说起中餐馆还是称它们为chifa，这个词也指秘鲁中餐。2013年8月，有一家叫“欧洲测控”（Euromonitor）的咨询公司调查显示，秘鲁东方餐饮的销售额在2012年达到了9.49亿美元的天文数字；同时，调查结果还显示2012年秘鲁有7900家亚洲餐馆，也就是说，每两个街区就有一家亚洲餐馆。该报告预测，到2017年亚洲餐饮的营业额将会达到15亿美元。

秘鲁华裔的活跃并非偶然，他们都是当年在秘鲁定居的中国移民的后代，他们参与了这个国家生活的方方面面：近18年来，秘鲁有两位总理来自华裔家庭。目前，在秘鲁国会中有四位华裔议员；同时黄姓（Wong）家族在秘鲁商界有着举足轻重的地位，黄氏创建了秘鲁最成功的连锁超市，为客户提供高质量的服务，黄氏连锁超市也成为商学院的经典成功案例。

---

① 该书2013年由秘鲁驻中国使馆以中文在中国出版。

以上仅仅是华人在拉丁美洲和加勒比影响力的一些小例子。华人的存在，就像陈汉基教授一遍遍指出的那样，促进了当地多元社会的形成，并且促进了这些美洲国家的文化、经济和政治发展。在关于华裔全球发展前景的预期中，我们看到一个新的现象，经济全球化以及科技在全球化中的巨大影响力将使我们生活中的方方面面都能看到中国的影响，同时在中国，西方社会的元素也会越来越明显。欲了解拉丁美洲和加勒比如何经过漫长的时期实现令人赞叹的文化融合，本书是一部必读书。

前秘鲁驻中国大使

秘鲁外交部长

Gonzalo Gutiérrez Reinel

（贡萨洛·古铁雷斯·雷伊内尔）

2015 年 2 月

译者序

人类自诞生起，就不断进行各种形式的迁徙，途中发生的种种成为我们所说的历史。人类不停的迁徙活动使得历史从来都是流动性的，处于不断变化之中。华人出现在美洲大陆，是中华民族这个种群在漫漫历史长河中前行的很有意义的一部分，是对中国古代文化“父母在、不远游”的一次超越。尽管路途坎坷艰难，但现已枝繁叶茂。我们感激这些艰辛的早期探索者，这种无畏的探索精神对于安土重迁的中国人来说弥足珍贵，因为未来走向星辰大海，指引我们前进的精神动力依然得益于这种不断走向未知、进行探索的渴望。

正如陈－罗德里格斯博士在《美洲华人简史》中描述的那样，对于漂洋过海的移民而言，生存是第一要务，而支撑着美洲的华人生存并慢慢发展起来的正是强大的中华文化。从第一波移民潮开始的 16 世纪到“华工”涌入的 19 世纪，初来美洲的华人多以独自谋生为目的，他们面对的这个大陆是个广袤的、未开发的、人种和文化迥异的地方，他们出身贫寒，身无长物，他们所拥有的只是中华文化教给他们的勤劳、坚毅和忍耐。凝聚了作者大量档案研究成果的《美洲华人简史》详尽地记录了华人初到美洲所受到的不公及其在夹缝中生存的艰辛。

我认为，我们若将美洲华人移民史和欧洲“地理大发现”并列审视的话，前者的生存境况和古老中华文明的坚韧更加能够一览无遗。美洲最初的华人移民于16世纪随着“海上丝绸之路”往来的马尼拉大帆船将中国的丝绸、瓷器以及远东的香料、木材带入美洲，同时也将美洲的货币和农作物带回亚洲，来往的小商人、手工匠人和海员中的一些就此留在了美洲，他们促成了贸易“全球化”的雏形。而16世纪进入美洲的西班牙殖民者则手持教皇圣谕，占据了道德高地。1493年5月4日，教皇亚历山大六世颁布《罗马教皇令》(*Inter caetera*)，规定基督徒对广大非基督徒的土地具有殖民和占领的政治和法律正当性，稍后的葡萄牙、英国、法国、荷兰等国秉承该条令，强势占领并统治美洲大陆，以及在这片大陆上居住的所有人。在这种殖民统治秩序以及后殖民时代强势的欧美政治、社会体系影响下，华人依靠中国文化支撑着强大的内心，艰难地生存了下来。如果说欧洲对美洲的殖民以拓展基督教为己任，那么美洲的华人则将古老的中华文明带到了新大陆。

陈-罗德里格斯博士在暮年撰写此书，书中有相当的篇幅在讨论中国文化，这是海外华人后裔对于自己祖先文明的执着，也是他晚年回顾一生时，希望对自己的文化根源做出的阐释。《美洲华人简史》中描述的中国文化传递着作者对中国古老文明，尤其是儒家文化的理解，作者认为这是历代华人能够在美洲国家生存下来的精神支柱。作为秘鲁华裔移民的第二代，他从童年时期开始学习中文，少年时期对古老的中国充满好奇，青年时期辅修中国历史、哲学和文化。作为美国拉丁美洲文学和语言学教授，他对中国的兴趣和关注从未曾停止。中国是父亲的故国，同时更是他重要的文化根源。他为当代中国的崛起倍感自豪，同时也努力践行中华古老文化中的道德箴言。

陈－罗德里格斯博士说，中国对西方的了解要超过西方对中国的了解，他希望《美洲华人简史》能够让西方对中国文化多一些了解。我认为，文化和历史一样，随着时间和环境的变化而不断演进。对于美洲华人而言，随着后代在当地社会的不断繁衍，文化的融合也在这个过程中渐渐形成。渐渐融合的文化是全新的、多元的，取自两种甚至是更多的不同来源，却又区别于来源中的任意一种单一文化。换句话说，它既不是“大禹治水”式的中华文明，也不是单纯的以“诺亚方舟”为模式的西方文化，而是一种融合了东西方的新的文化模式。

文化研究的重要性在全球视野中凸显。当代中国的崛起让全世界瞩目的同时，也引发了全球新一轮的探究热情。传统的“儒释道”并不足以解释当代中国，华人被普遍认为的“坚忍、勤劳”也并非全部。在陈－罗德里格斯博士促进东西方文化互相了解的同时，当代美洲国家对中国文化研究的最新方法和视角也让我们感受到这一任务的紧迫性。随着以互联网为代表的新的文化载体的普及，对文化的研究开始走向文化分析，文化成为数据，从文本记录走向视觉资料，分析手段也加入了计算机和人工智能对于大量数据的处理。列夫·曼诺维奇 2020 年出版的《文化分析》（*Cultural Analytics*）的书名很好地解释了欧美对于文化分析的新转向，有别于“Analysis”对于过去事件的分析，“Analytics”面向未来，着重通过分析结果对未来文化走向做出预测。人文和数字的结合在可预见的未来将是大势所趋，学科之间的壁垒也在逐渐消解，传统研究方法和新技术手段相结合，不仅仅使美洲将更了解中国文化，中国也将能够更了解世界。

中国古代光辉灿烂的文明孕育出了造纸、指南针、火药和印刷术等早于西方数个世纪的发明创造，当代中国有目共睹的科技成就让世人瞩目、让全球华人为之骄傲。无论在接下来的百年，人类是否要像约翰·马丁斯预言的那样进入量子算力时代，开拓未知领域和创新仍然是人类文明竞争与合作的第一推动力，那么，《美洲华人简史》呈现一代又一代移民探索世界、传播中华文明的精神恰逢其时。

《美洲华人简史》中文译本的出版首先要特别感谢河北师范大学秘鲁研究中心的资助。

此外，也需要感谢河北师范大学秘鲁研究中心宋晓丽博士的真诚相助、中国社会科学院拉丁美洲研究所郭存海博士的大力支持和《今日中国》杂志社西文部副主任安薪竹女士居中牵线，以及中国外文局新世界出版社领导及陈超副主任的信任。此外，新世界出版社吴伶伶副主任负责本书编辑，吴编辑的认真负责、不厌其烦，以及她对中文的内涵和外延的精准把握给我留下了深刻的印象。

很高兴，在陈－罗德里格斯博士过世两周年之际，我终于可以完成他生前所愿、不负所托。

翁妙玮

2021 年 8 月 5 日于康州纽黑文

前　言

《美洲华人简史》是我这几十年来在秘鲁国立圣马尔科斯大学文学系，美国华盛顿大学的远东事务学院以及宾夕法尼亚大学、纽约城市大学和哥伦比亚大学研究生院关于该主题的各种演讲和文章的扩展和深化。此外，相对于我从前的著述，本书在中国文化，尤其是中国移民带到美洲和加勒比的哲学思想方面有所延伸。本书内容不仅仅包括中国到墨西哥、美国、加拿大、加勒比和圭亚那群岛、古巴、秘鲁、巴拿马和哥斯达黎加的移民，同时也包括中国移民在美洲不同国家和地区间的迁移。通过本书，我希望传播我关于东方的认识并且以此改善中国和西半球交流中的不对称关系。众所周知，东方对西方的了解要超过西方世界对东方的了解，因此我致力于能够澄清一些关于中国移民的错误解读，这些误解往往导致西方一些带有偏见的行为，比如说好莱坞电影中展现的那些虚假的异域画面通常就带有对中国文化，尤其是中国哲学的荒唐的误解。

本书的写作极大地受益于我在中国不同地区的两次旅行。第一次去中国，我是和一些美国教授们同行的；第二次我是应中国社会科学院（以下简称社科院）的邀请前往的。社科院也促成将我的作品《何塞·卡洛斯·马里亚特吉的诗学和意识形态》（*Poética e ideología de José Carlos Mariátegui*）（1983 年）以及《拉丁美洲的文明和文化》（*Latinoamérica: su civilización y su cultura*）（1983 年）翻译成中文。《拉丁美洲的文明和文化》一书于 1990 年在北京出版，十年后由韩国的大邱大学出版社出版了韩文版图书。我的以上作品以及我对中国文化不间断的探索，再加上近些年来我在美洲和欧洲许多图书馆里的研究奠定了本书写作的基础。

多年以来，我从与我的父亲、汉学家、老年华人，以及从事孔孟和佛教研究人员的对话中积累了大量的笔记，而我在中国研究中用到的手稿、访谈、书籍、杂志、电影、录像也有助于我加深对这些笔记的理解。我的对话者们的话语中常常夹杂着许多智慧的谚语，这些中国民间文化中蕴藏的智慧往往代代相传。它们给我提供生动的回忆、信息、资料以及风俗的同时，也维系着我和中国之间的紧密纽带。年长的华人在和子孙以及年轻朋友的对话和交往中经常传递着智慧，因为中国哲学深深地影响着他们的日常行为方式。

在利马，我的父亲陈恩里克（Enrique Chang On，1881—1954 年）总带我去中国城卡彭街的中餐馆吃饭，常去的有山海楼（San Joy Lau）和汤姆粉（Tom Pho）。有时我们也会去中华通惠总局（Sociedad Central de Beneficencia China），我父亲在那里广受尊敬。国民党在利马经营了一家三民学校（San Min），我在那里学了许多年的广东话。父亲常常和我们分享他对中国的怀念；每每听到他的讲述，我总是很喜欢他那些以清晰、明确而生动的语言勾勒出来的轶事。他的往事见证了他融入秘鲁的过程，他对秘鲁文化的了解也有助于他在这块土地上扎根。他时常带我去宜昌公司

（Yi Chang）的大百货买些中国进口的商品，有时候我们也去中国城的小摊上买些橘子、荔枝、橙子、李干、姜、茴香、酸角、坚果、糖花生、椰子饼干、芝麻、杏仁等质量很好的食品。亲戚们也会带我去看粤剧。粤剧和莎士比亚时代的英国喜剧一样，只有男人们才能参演。一些男演员反串女角、模仿女性的动作并且用假嗓子唱歌。当时的中国就像16世纪的英国一样，男女是不能同工的。在我写作本书时，那个时代又清晰地浮现在我的眼前。为着如上的种种缘由，我写作并且出版本书，希望能够传播真正的中华文化，我坚信，我们对自己越了解也就越能学会更好地爱自己。

这几十年来，为了写作这本关于在美洲的中国移民的著作，我不断思考并进行各种研究，我学习并且思索儒家和道家以及佛教之间互相融合后重要的方方面面。这些文明又受益于中国的重大发明，包括火药、造纸、印刷术、指南针、季节表、害虫的生物控制、拱桥、运河坝、数据制图法、铸铁的马刺马具等。我研究这个古老的文明如何影响了美洲的中国移民。这些人类迁徙的历史背景很好地诠释了为什么古老炎黄子孙能够比欧洲人早15个世纪开始铸铁；阐明了为何到了1895年西方才在医药方面赶上中国；表明了中国人是如何发明了十进制、地震仪、铸铁犁、雨伞和马车等。此外，中国人还比世界其他地区早2000年发现了太阳黑点和血脉循环。

当前世界的物质发展进步和东西方的哲学进展并不同步。显然，机械化和当代技术将哲学远远抛于其后的同时也削弱了哲学的人文主义意味。本书试图解释儒、佛、道三家的共生如何成为中国文化的根本哲学。这些道德支撑下的原则不仅仅指引着人民让大家生活得更好，还强调知识和精神的自给自足及其与道德责任之间的联系。儒家思想并非术语充斥，而是用大众的简洁语言来表达深厚的哲学原理。它的自发性和自然性吸引着寻找真理的人们不由自主地向它靠近。这种哲学理念简洁明了，随时都可以运用在日常生活中。以人为本的中国哲学促成了政治对道德的从属关系并且重视知识和道德的价值。

虽然说亚里士多德哲学在西方思想史的地位类似于中庸思想在远东文化中的影响，但是二者有本质的区别。亚里士多德认为幸福以及美德与神圣的“大德”有关。中国的中庸哲学则提倡至善并且要求政府最高领导以民众为依托；要求各级领导者要有慈悲之心；父亲们要有爱心；公民要有诚信。因此，就像大多数西方人推崇热爱上帝一样，传统的中国人坚持从自然中汲取智慧。根据儒家思想，思想的修正、真诚、自律以及家庭成员间的紧密关系等这些都是至关重要的。《易经》里说，人生而有智慧，但是如果后天不加以发展，就会慢慢失去它。根据这部经典，增长智慧的最佳方式是观察万物。由经验产生的科学能够拓展人类的知识并且强化道德。由此中国人推崇纪律、家庭团结以及观察自然。

继“中国往事”之后，本书介绍了儒家以及其他中国哲学思想如何影响中国到新世界的移民。对于这些横穿太平洋或者经由亚洲和非洲大洋跨越大西洋到达美洲的移民们而言，中国哲学至关重要，无论他们是否清晰地意识到这一点。在接下来的两章中，我首先涉及“跨太平洋双边关系”，主要是中国和墨西哥以及和美洲大陆其他国家之间的关系。紧接着，后几章描述并且分析了中国到美洲国家的最大的几波移民潮，这些章节都资料翔实。本书的最后包括结论和参考文献。

鸣 谢

在这儿我想重申我对秘鲁国立圣马尔科斯大学教授们的感激之情，是他们鼓励我开始了关于本书的研究和写作。我尤其要感谢哲学家弗朗西斯科·米罗·克萨达·坎图阿里亚斯（Francisco Miró Quesada Cantuarias，1918—），历史学家路易斯·瓦尔卡赛尔（Luis E. Valcárcel，1891—1988 年），豪尔赫·巴萨德雷（Jorge Basadre，1903—1980 年），何塞·瓦雷格（José M. Valega，1887—1961 年）和 卡洛斯·达尼尔·瓦尔卡赛尔（Carlos Daniel Valcárcel，1911—2007 年）；文学评论家奥雷利奥·米罗·克萨达（Aurelio Miró Quesada，1907—1998 年），爱斯杜阿尔多·努涅斯·阿格（Estuardo Núñez Hague，1908—2013 年）和 奥古斯都·塔马约·瓦尔格斯（Augusto Tamayo Vargas，1914—1992 年）；社会学家罗伯尔多·马克·雷安·埃斯特诺斯（Roberto Mac Lean Estenós，1904—1983 年）；地理学家哈维尔·布尔加·维达尔（Javier Pulgar Vidal，1911—2003 年）；教育家埃米利奥·巴兰德斯·雷沃雷多（Emilio Barrantes Revoredo，1903—2007 年）；地理经济学家埃米利奥·罗梅罗·帕蒂亚（Emilio Romero Padilla，1899—1993 年）；法律咨询顾问何塞·雷昂·巴兰迪亚兰（José León Barandiarán，1899—1997 年）。同时也感谢我所在国立圣马尔科斯大学的同僚：布兰卡·瓦雷拉（Blanca Varela，1926—2009年），马努埃尔·梅西亚·瓦雷拉（Manuel Mejía Valera，1927—1998年），马努埃尔·斯卡尔萨（Manuel Scorza，1928—1983年），胡安·贡萨洛·罗斯（Juan Gonzalo Rose，1928—1983年），弗朗西斯科·卡里略·埃斯佩赫（Francisco Carrillo Espejo，1925—1999年），卡洛斯·索尔内·波阿斯（Carlos Thorne Boas，1923—）和佩德罗·莫拉雷斯·布朗德特（Pedro Morales Blondet，1925—1997年）。特别要感谢路易莎·康布萨诺·森蒂（Luisa Campuzano Sentí）、马塞尔·贝拉斯格斯·卡斯特罗（Marcel Velázquez Castro）和拉克尔·张·罗德里格斯（Raquel Chang Rodríguez），感谢他们阅读我的手稿并且提出修改意见。在这里，我尤其要对秘鲁外交部长贡萨洛·古铁雷斯·雷伊内尔（Gonzalo Gutiérrez Reinel）表达我的谢意，感谢他的洋洋洒洒的序言；同时也感谢汉学家吉叶墨·达尼诺（Guillermo Dañino）资料翔实的序言。

目　录

中国往事

前尘往事

我的父亲出生在这个叫作中国的伟大国度的一个汉族家庭。从小我就对父母祖先的文化抱有极大的兴趣。借助家中的一本传统课本，我开始中文启蒙。在父亲的帮助下，我在家中背诵了课本的第一课。少年时代，我周一至周五在中秘学校的夜校（周六是白天上课）里用其他课本学中文，中秘学校就位于秘鲁特鲁希略的中华通惠总局里。我每天从报纸或者短波收音机里得知日本帝国主义进攻中国的消息[①]。同时，为了强化家里和学校学到的课程，我还每周花数小时阅读关于中国文明的书籍和杂志。年轻时代，我在利马的三民学校继续学习中文。那时，我完成了一篇 130 页的论文，题目叫《中国哲学：孔子和老子的差异》，并以此当成我 1946 年 8 月在国立圣马尔科斯大学哲学、历史和文学学士学位的毕业论文。一周以后，《中国，沉默又雄辩》（*La China，silenciosa y elocuente*）的作者多

① 1931 年，日本占领了中国的东北三省，开始了侵华战争。日本的新一轮侵略开始于 1937 年 7 月 7 日的卢沟桥事变。

拉·迈耶·德·苏廷（Dora Mayer de Zulén）在利马的《东方》杂志上发文赞扬了我的学士论文。随后在美国的数十年内，我继续研究并且撰写关于远东的文章。

1951—1956 年在华盛顿大学的远东事务学院，我在英国汉学家戴德华（George Taylor）的指导下继续关于中国历史、语言和哲学的研究生学习，同时也修习跨太平洋国际关系的课程。从中国古代史课上我们学到了许多，这门课当时是由卫德明（Helmut W. Wilhelm，1905—1990 年）教授，他的父亲是《易经》的德语版译者卫礼贤（Richard Wilhelm，1873—1930 年）。在这门课上，我们如饥似渴地阅读芝加哥大学的汉学家顾立雅（Herrlee Glessner Creel，1905—1994 年）关于古代中国历史、哲学和文学的作品。1936 年，顾立雅在芝加哥大学完成了数个学位并且在北京留学之后，被芝加哥大学聘任为教师。他在自己的母校建立了远东研究项目，1939 年他为芝加哥大学图书馆争取来 7.5 万部相关书籍，使得该图书馆现在仍然以中国古代文学的馆藏而闻名。20 世纪 30 年代，这位古代和现代中国研究专家发现了一些 3000 年前的龟甲，这对中国文明初期的研究至关重要。基于他的重要贡献，顾立雅在 1949 年被评为教授，1964 年获得马丁·赖尔森（Martin A. Ryerson）东亚语言和文明杰出教授教席。1984 年，他荣誉退休。他最有名的著作包括《中国的诞生》（*The Birth of China*）（1937 年）与《孔子其人及其神话》（*Confucius: The Man and the Myth*）（1949 年）。前者是他在黄河流域多年调查研究的成果，对于研究中国文明形成的初期是一部至关重要的参考书籍；后者是他 20 年研究的心血，他认为孔子是一位民主革命天才。他的其他不断再版过的书籍包括

《中国治国之道的起源：西周王朝》（*The Origins of Statecraft in China: The Western Chou Empire*）（1970 年）、《什么是道家》（*What is Taoism?*）（1970 年）、《从孔子到毛泽东以来的中国思想》（*Chinese Thought from Confucius to Mao Tse-Tung*）（1971 年）以及一些大学中国文学教材。

在华盛顿大学，我还上过斯坦·斯佩克特（Stan Spector）教授的中国现代史课以及释知贤（Ven Shih）教授的两门中国哲学课。我修过的其他有意思的研究生课程还包括国际法以及中国、日本和美国、墨西哥以及秘鲁的跨太平洋关系史，教授是约翰·梅基（John Maki）博士，他是日裔美国人。此外，我还上过德国教授卡尔·奥古斯特·威特福格尔（Karl August Wittfogel，1896—1988 年）的讨论课，后者是著名的亚洲生产模式理论的作者，他认为亚洲生产模式孕育了专制、权威、稳定而繁荣的国家。课外时间我还参加了汉语言学家李方桂（Lee Fang Kwei）在家里举办的学术谈话，这位教授精通太平洋地区的三十几种语言。周末，我通常会应北美一些刊物以及利马《东方》杂志的邀约写一些文章、评论并且翻译一些书籍。在当时的华盛顿大学访问教授墨西哥学者西尔维奥·萨瓦拉（Silvio Zavala，生于 1909 年）[①] 的推荐下，《美洲历史杂志》（*Revista de Historia de América*）于 1958 年发表了我的关于 19 世纪中国人移民拉丁美洲的英文文章。

从华盛顿大学博士毕业以后，我在宾夕法尼亚大学教了 5 年（1956—1961 年）书。在这所本杰明·富兰克林创立的学府里，我开始了和著名汉学家斯凯勒·冯·伦塞勒·卡曼［Schuyler（Ky）Van Rensselaer Cammann，

---

① 2013 年 2 月 7 日，墨西哥《至上报》（*Excélsior*）刊登了西尔维奥·萨瓦拉教授 104 岁的消息。——译者注

1991—1912 年］以及卜德（Derek Bodde，1909—2003 年）的交往，他们的办公室离我的很近，都在本内特楼（Bennett Hall），与此同时，我的同事汤因比（Arnold J. Toynbee，1889—1975 年）的办公室也和我们在一块儿，他当时在华盛顿大学当访问教授。

精通多国语言的斯凯勒·冯·伦塞勒·卡曼是中国艺术及其跨文化影响的专家，他当时是远东研究的教授。他赠送给我的一些他写的零散的文章，其上有大量的手写评注，这些评注充分体现了他关于亚洲文化的博学，这些评注中有许多非常有价值的文献资料。他从耶鲁大学毕业后，跟着耶鲁大学的中国项目到湖南长沙教了两年书。他非常专注于自己的研究，因此在中国多待了一年，在这一年内，他徒步游历了湖南周围的几个省。有了他在中国 15 个省份的生活和工作经历后，他更加坚定了自己从事中国文明研究的信心和使命①。

冯·伦塞勒·卡曼教授在第二次世界大战中作为美军海军中尉重返中国。这次中国行让他收获了许多 17—20 世纪中国朝服上使用的被称为“补子”的丝绸徽章，极大地丰富了他的私人收藏。根据马可·波罗（Marco Polo，1254—1324 年）在书中说的，补子在中国朝廷的使用始于蒙古人统治时期。大约在 1390 年，明朝皇帝下旨命令所有高级文官和武将的朝服上都必须佩戴补子，这一做法持续了 5 个世纪直到清朝。这种四四方方面积为

---

① 斯凯勒·冯·伦塞勒·卡曼出版的 *Trade through the Himalayas; the early British attempts to open Tibet* (Westport, Conn., Greenwood Press, 1951), *The land of the camel: tents and temples of Inner Mongolia*. (Nueva York, Ronald Press Co.,1951), *China's, dragon robes* (Nueva York, Ronald Press Co.,1952) 和 *Substance and symbol in Chinese toggles* (Filadelfia: University of Pennsylvania Press, 1962)。

14 平方英寸[①]的丝巾上绣有许多动物形象，主要是各种鸟类，全都栩栩如生，不同的颜色代表着不同的社会政治等级。在清朝末年，这些方巾先是被缩小为 9 平方英寸大小，接着停止使用了。1912 年中华民国成立后，许多西方游客开始收集它们作为藏品。

卡曼的补子收藏非常重要，因为从中可以看出许多同样的设计图案：雉、公鸡、鸭子、鹭、鹌鹑等这些动物守候在岩石或者海浪上。另外一些设计图案包括野生动物，有真实存在的动物也有神话传说中的：云山雾海中的豹、虎、狮和龙，就像卡曼在他 1944 年发表于《哈佛亚洲研究》杂志上那篇文章里描述的一样。1991 年卡曼逝世之后，他的一些继承人把这些补子捐赠给了耶鲁大学，共有 100 幅之多。1994 年 11 月，纽约中国学院展出了其中的 50 幅补子。这次展览让我想起了卡曼在我 1961 年搬到纽约城市大学后继续给我转寄他的文章。在他的提议下，我们一起在布鲁克林博物馆度过了数个周末，在那儿欣赏馆藏的拉丁美洲殖民时期的挂毯，这些挂毯深受中国文化的影响，其中织有许多亚洲动物。卡曼在宾夕法尼亚大学一直任职到 1982 年。

对于伯德教授，我至今清晰地记得和他之间的谈话。这位著作等身的社会学家住在费城德国人聚居区。他热情好客，数次邀请我到他家做客，在他家中，我欣赏到了他的价值连城的中国瓷器藏品，他将藏品摆放在一个石菩萨头像周围。在他家和宾夕法尼亚大学，我们都谈到了他对汉学研究的贡献，尤其是他将哲学家冯友兰的两部作品翻译成英文版，这两部译

① 1 平方英寸≈ 6.4516×10^{-4} 平方米。——编者注

作当年在华盛顿大学被广泛使用[①]。伯德教授以热爱中国闻名。

那些年，我最初接触过的印象深刻的关于中国的书籍都是由那些著名的“中国通”们（*China Hands*）编撰的，其中就包括埃德加·斯诺（Edgard Snow，1905—1972 年）和西奥多·怀特（Theodore H. White，1915—1986 年）。其他一些我在美国、欧洲和亚洲读到的关于中国文明的书籍也同样让我着迷，尤其是纽约公共图书馆以及哥伦比亚大学、亚利桑那大学、南加州大学、华盛顿大学、宾夕法尼亚大学以及纽约城市大学图书馆里的关于中国的藏书。

在费城和纽约生活了 5 年之后，我从 1961 年开始更多地将精力从汉学研究转向了语言学以及拉丁美洲文学和文化的研究。我将大量的时间花在了准备本科生和研究生的语言学以及拉美研究的课程、各种学术会议和专题讨论会论文、为学术杂志撰写文章这些事情上。从 1983 年起我和同事合作领导国际语言学协会，在审读投给国际语言学协会的刊物 *WORD* 的论文时，我总会不时将目光转回古老的中国语言研究上。同时，我在纽约城市大学的亚裔美洲中心工作期间参与了评审洛克菲勒奖学金的工作。1990 年我们将奖学金颁给了一位对汉学研究感兴趣的秘鲁人类学家路易

---

① 德里克·伯德翻译了冯友兰的《中国哲学简史》（*A short history of Chinese philosophy*, Nueva York: Macmillan, 1948），这本书被北美许多大学当成教科书。他还翻译了《中国哲学史》（2 卷本）（*A history of Chinese philosophy*, 2 vols., Princeton: Princeton University Press, 1952—1953)。他和克拉伦斯·莫里斯 Clarence Morris 合作出版了《中华帝国：190 个清朝案例》（*Imperial China exemplified by 190 Ching Dynasty Cases*, Cambridge, MA: Harverd UP, 1967）。参见《关于自然和社会的中国思想：纪念德里克·伯德》（*Chinese ideas about nature and society: Studies in honour of Derk Bodde*），由 Charles Le Blanc 和 Susan Blader 合编，香港大学出版社。

斯·洪堡·罗德里格斯·帕斯托尔（Luis Humberto Rodríguez Pastor）。对于中国文化以及中国移民的共同关注让我们一起游历了日本，中国大陆、香港、台湾地区，以及新加坡。

就像前文提到的那样，尽管有诸多限制，我仍然对中国研究感兴趣，尤其是当中华人民共和国内部发生重大事件的时候；我也一直努力致力于促进中秘以及中美关系发展。此外，大约从20世纪90年代中期起，我就是中美人民友好协会的成员。我密切关注联合国内部关于恢复中华人民共和国在联合国合法席位[①]的讨论。关于这一历史事件我写过许多篇文章，当时也读过中国学界的大量分析文章。

我对于埃德加·斯诺在瑞士的去世表示极大的惋惜，尽管周恩来派了数名医生极力抢救最终也没有能留住斯诺的生命。埃德加·斯诺留在人们记忆中的事件之一包括1970年他将毛泽东想要和尼克松会面的信息带到了华盛顿。那是他对促进中美关系的许多重大贡献之一。1972年2月，尼克松以及国务卿基辛格和毛泽东以及周恩来的会面是历史性的，在世界各国都广为报道。

1978年，中美恢复接触后不久，我所在的纽约城市大学派出了第一支美国大学代表团访问中国，并且商讨教师和学生交流的计划。我们的史泰登岛的理查蒙特学院的院长担任该代表团团长。几个月之后，美国社会研究顾问委员会派出另一支重要的访问中国的学术代表团，我在该委员会工

---

① 我倾向于主张在联合国官方文件中使用“恢复联合国合法席位”而不是被“加入联合国”，因为就像我在关于联合国的文章中指出的那样，1945年联合国在旧金山召开联合国国际会议时，中国就是联合国创始会员国之一，直到联合国将席位给了台湾当局。

作了三年（1967—1969 年），主要负责奖学金的评审工作。美国社会研究顾问委员会向中国派出代表团主要是为了评估语言学的最新发展状况。这些例子部分地解释了我们的两次访问中国之行，我始终记得那是我父亲出生的国度。

前往中华人民共和国的首次文化之旅

1984 年，和纽约人类友好关系代表团一起，我太太拉克尔和我进行了第一次中国文化之旅。纽约的这个机构一直致力于在各国给大学教授和其他一些职业人士提供跨学科的讨论课程。1977 年我们和这个代表团的同事一起访问了日本，日本之行让我们看到了纽约人类友好关系代表团组织的跨国文化旅行的灵活性和高效性。这次中国之行，我们先到达了香港，离开香港以后我们开始对中国内地进行学术访问。7 月 20 日，我们乘坐一架中国公司拥有的俄罗斯造的飞机，去往炎热的上海。三天时间内，我们参观了上海玉佛禅寺、周围一些地区以及上海的一些历史建筑。上海的大街上任何时候都熙熙攘攘，部分原因是工厂实行“三班倒”制。我们特意去参观了著名的复旦大学和上海外国语学院。其中一天我们还去参观了上海郊区尚存的一个农业公社，当晚我们观看了马戏团演出。另外一天，我们步行参观了上海港口的主要大街以及老旧的外国租界。同样，我们还游览了黄浦江边的南京路以及市中心的豫园。

结束了上海的参观行程后，我们继续乘坐火车往南到达了南宋的都城临安（现杭州）。这座古城以美丽闻名，有俗语说“上有天堂，下有苏杭”。马可·波罗13世纪末来中国时曾经说过“杭州是世界上最绚丽和优雅的城市”。这座号称人间天堂的城市如今是浙江省的省会。我们在杭州逗留了一些日子，在这座城市，我们泛舟西湖，西湖上有许多堤，其中一些是公元820年修建的。接着，我们去了灵隐寺，这个修建于公元326年的古寺几经修缮，最后一次是在公元1900年。我们一直登上了灵隐寺的最高处，看到了196米高的菩萨像，整个佛像雕刻在一根完整的樟木上。还有一处让我们印象深刻的建筑是六和塔，建于公元970年，最初用作灯塔。我们都很喜欢它的园林以及黄色的宫殿，当时黄色是皇家专用的，我们惊叹于皇家宫殿的壮丽。几年前，周恩来和尼克松也在杭州会面过。雄伟的亭台楼阁、扇亭水榭、博物馆、集市及大街小巷，这些构成了杭州最美的风景。

从美丽的杭州城我们坐火车沿着长江到了周围的其他城市。游览了苏州之后，我们去了无锡，在无锡我们上了游艇沿着大运河环游。大运河上最古老的一段建于公元605年，比京杭大运河的修建时间要早了5年。在我们1984年的旅行中，我们看到了成百上千的大小各异的船舶，它们为大运河两岸的人家提供着各种交通上的便利。在无锡，我们被邀请参观了几处种植桑树的地方，桑树的叶子是蚕的食物；我们也观看了工业化的养蚕。众所周知，中国是世界上第一个养蚕的国家。1958年，地质学家们在镇江的一处新石器时期的遗址中发掘出了4700多年前的丝质布料残片。当日午后，我们参观了一个著名的景泰蓝工厂，看中国的手工匠人以独特的工艺加工出了让外界惊叹而羡慕的产品。在那里，我们被告知曾经有一个外国代表团偷偷用照相机通过团队集体合作方式拍下了景泰蓝制作工艺的各个步骤。因为每位参观者都只允许拍摄一张照片，这个代表团的每个成员分别拍下了生产流程的不同步骤，这些不道德的工业间谍也由此掌握了足够的信息，足以在本国开办一家类似的工厂。有天夜里，我们还去了一处舞厅，在那里目睹了人们对于第二次世界大战（简称二战）那个年代后的西方音乐的狂热，以及年轻人的跳舞热情。在舞池里，我们既看到了男女共舞，也看到了男男或者女女共舞，他们都随着美国和拉美音乐激情起舞。

结束了无锡之行后，我们上了火车朝当年国民党的都城南京而去。南京当时大约有 300 万人口。我们住在金陵饭店里，金陵饭店最有名的是顶层旋转餐厅。有天夜里，我们这些食客随着乐队音乐起舞，年长的乐手们阐释着福克斯音乐、爵士乐以及几个世纪前的西方音乐。还有一天，我们花了数小时游览了南京的古城墙、壮观的中山陵以及长江上宏伟的桥梁。我们登上了 300 多级的中山陵，该陵园占地 8 万平方米[①]。另一处让我们惊叹的工程奇迹是 1968 年完工的长江大桥上的观测塔。从观测塔上我们可以看到 6700 多米的大桥。尽管由于中苏关系冷却后，长江大桥的桥梁图纸被苏联人毁坏，但是这座大桥依然被成功修建起来了。

随后，我们又参观了几处历史古迹，其中包括明朝皇陵及其多彩的园林。在江苏省博物馆里，自远古北京猿人几千年以来的各种艺术品让我们目不暇接。我们还看到了几年前在威尼斯看到的玉衣，这件文物曾经借给世界许多大博物馆展出过。1984 年 7 月 29 日，我们从南京机场乘坐另一架苏联造的飞机到了北京。这是继上海之后中国人口第二多的城

① 原文如此。《辞海〈缩印本〉》（第六版）中，中山陵占地 130 万平方米。——编者注

市。我们的东道主招待我们住在长城饭店，并且引领着我们游览了北京及其周围地区。

在首都北京，我们访问的第一站是中国社会科学院。在社科院里，苏振兴教授、宦乡教授、张德群教授以及其他几位社科院领导给我们介绍了北京大学的拉丁美洲文明课程、拉丁美洲文学研究会、西葡语言教学和研究会及中国拉丁美洲历史协会的一些活动。

我们在中华人民共和国的伟大首都待了三天，参观了故宫和城市西北角的颐和园。颐和园是慈禧太后用海军军费修建的，她的独断专行导致义和团之乱及其后的欧洲和日本军队入侵，八国联军给中国带来了长久的伤害和耻辱。颐和园里有万寿山、一个湖泊以及 3000 多个屋子，占地共 290 公顷，园子里错落有致地分布着典型的中国式园林，还有小山、流水以及植被。我们还参观了天文台、人民大会堂、中国历史博物馆以及国家图书馆，这座建于 1912 年的图书馆拥有多达约 2100 万册藏书。

我们去了天安门广场数次，这个占地 44 公顷的广场是世界上最大的。广场南侧是毛泽东纪念堂。再往北一些是天安门，天安门城楼上挂着巨大的毛泽东像。故宫就从这儿开始，宫内有成百上千的建筑物：无数宏大的殿堂、宽敞的大厅、巨大的门廊、通道以及 9000 多间屋子，其中一些是皇帝、后妃及宫廷里的太监和仆人们住的。这些建筑物中的许多修建于公元 1406 年，充分展现了这个古老神话般国度的美学观。

第二天，我们乘坐公共汽车前往北京西北 64 公里处总长达 6350 公里的长城中的一段，据说中国长城是人类从宇宙飞船上能看到的极少数地球上的建筑物之一。在返回北京的路上，我们还游览了明十三陵。在给我们讲解完明朝的十三个皇帝为何都埋葬在那儿之后，导游带我们参观了万历皇帝的陵墓，守护在皇陵边的石兽群让我们很震撼。另外一天我们参观了北京动物园，看到了熊猫以及其他约 50 种 3000 多只动物。

一天下午，我们去了位于城市中的天坛，它是世界上被拍摄最多的建筑之一。天坛始建于明永乐十八年（1420 年），并于 1890 年重新修缮过。明清两朝的皇帝都在此通过祭天向上苍祈求风调雨顺庄稼丰收。游览期间，导游告诉我们说，张衡在阳嘉元年（公元 132 年）创制世界上最早利用水力转动的浑天仪和测定地震方位的候风地动仪。另外，我们还观赏了象征着天的铺满瓷砖的环形设计以及祈求好收成的祈年殿。

离开北京的前夜，我们被邀请参观了其他一些建筑以及一个地铁站，据说那个地铁站是在原防空洞基础上改建的。夜里，在观看京剧之前，我们去友谊商店购物，当时的友谊商店只对外宾开放，禁止本国人入内，消费的货币并非人民币而是外汇券。

结束了北京的参观之后，我们乘坐另一趟航班去了古老的城市西安。虽然说西安当时还不是一个特大的城市，但是在当地挖掘出土的古物已经赋予了它古都的名声。我们先是去了华清池，然后又看了兵马俑，我们惊叹于那些最早可以追溯到公元前 3 世纪的真人大小的兵马俑。这些令人赞叹的士兵群是 1974 年一位挖井的农民无意中发现的。一个埋藏于地下的规模庞大的皇陵就这么被发现了，接下来地质发掘队伍挖出了 8000 多泥塑的士兵，这些士兵的面部特征尽管各不相同但都栩栩如生。回酒店之后，我们在晚餐前观赏了一场关于唐朝的戏剧演出。

我们从西安出发前往四季如春的昆明，后者位于重庆西南方向大约1000公里之处，面积为4649平方公里，居住着大约200万人口。昆明是云南省的省会，位于中华人民共和国西南角，南边和越南、老挝毗邻，西边和缅甸接壤。当时，云南省有3600多万人口，约5%的人口为少数民族，囊括了24个不同的民族。

从昆明的某处山顶往北眺望可以望见喜马拉雅山脉的一些山顶，往西可以看到著名的滇缅公路，这条通道修建于抗日战争的最后一场战役期间，也就是在1941年珍珠港事件之后不久。一天夜里，我们拜访了附近的一个村庄，村子里的居民身材普遍矮小，面貌和汉人不同，带有明显的蒙古人特征。他们穿着蓝色的衣服、戴着红色的头巾并佩戴银饰，像秘鲁的一些印第安人那样载歌载舞。第二天，我们游玩了滇池及西山公园以及修建于14世纪的华亭寺。接下来的一天，我们去了昆明市东南角近100公里处的一座石林，堪称自然的神来之笔，据称是在地球形成的时候出现的。

我们从昆明出发又去往中国南方美丽的桂林。我们在桂林欣赏了如画的山水，并从漓江乘船航行约15公里抵达阳朔，沿路上岩石各异如鬼斧神工一般。我们还浏览了象鼻山、老人山、叠彩山和月亮山等景点。从每一处山顶我们都可以欣赏到远处的层峦叠嶂以及繁茂的植被。群山背面是另外一些连绵的山峰，山顶笼罩着云雾没入云层之中。我们眼前起伏的梯田不禁让我们联想到时空的关系：无尽的时间在这个广袤的空间里缓缓流逝。我们还参观了附近的村庄以及一位将军的故居，这位将军是军阀混战时期的著名将领。让我们印象深刻的还有著名的芦笛岩的各种石笋石柱，这儿因其地貌形成而闻名，据称这一壮观的自然景观在唐朝时期始得发现。巨大的岩洞能够容纳上千人同时欣赏那些五彩的石头。那日天气晴朗、万里无云，离开岩洞后，我们四处随意观看，大家一致赞同“桂林山水甲天下”这一说法。

离开桂林后我们飞往广州，在西方人们更愿意称它为 Cantón，这个名称既可以指广州这个城市也被用来指整个广东省。在广州我们下榻在以几十米高大瀑布闻名的白天鹅宾馆，大瀑布位于大堂内，周围是一些出售中国工艺品的商店。在广州的餐馆里，我们品尝了地道的粤菜，它们比我们在中国其他地方吃到的菜肴都要精致。因此，大家一致认为中国最好的厨师在南方。在广州，我们花了一天的时间参观了六榕寺、张氏祠堂（已经改造成博物馆），以及每年都举行广交会的广州世贸中心。

从广东省的省会出发，我们乘坐火车沿着珠江去了香港。我们穿过新界到达了九龙，又一次住在了帝苑酒店。关于我们在香港的经历，我只能透露说我们有另外的活动。在此，我只能说结束了中国内地和香港的旅行之后，我们这个代表团中的一些成员自费去访问曼谷和新加坡，最后乘坐西北航空的飞机经过夏威夷、洛杉矶和底特律返回美国。 我们于 1984 年 8 月 21 日早晨 11 点抵达了纽约拉瓜迪亚机场。

来自中国社会科学院的邀请

亚洲之行我们最难忘的经历当数 1985 年 5 月和 6 月，我们应中国社会科学院的邀请参观了中国的多个省份。1985 年 5 月 28 日星期二我们乘坐泛美航空的飞机从肯尼迪机场出发，第二天下午 2：30 抵达东京。三个小时后，我们乘坐另一个航班飞往北京，夜里 9：30 到达北京首都机场。当夜我们下榻在华都饭店。社科院的一个代表团来到饭店看望我们并商讨我们在中国的参观和会议行程，同时还给我们介绍了哈佛大学英国文学系毕业的傅威曼（音译）女士，傅女士是我们此次中国行的导游。她陪同我们在北京的主要大街上散步，开车带我们去社科院大楼，还带我们去了天坛和北京图书馆。6 月的第一个星期六，我们搬到了位于东城区的和平宾馆，我们在分头旅行之前聚集在和平宾馆，接着奔赴其他城市和地区。我们从那儿被接去参观了现存最大的道观——白云观，它修建于公元 713—741 年；我们还参观了观星台，以及其他一些上次行程没有去到的历史名胜古迹。

1985 年 6 月 3 日星期一，在社科院的语言研究所（以下简称语言所），我做了一个讲座，内容是关于国际语言学协会以及下属的杂志 *WORD* 的；此外，也给我们的东道主们赠送了几期我们的杂志。讲座由社科院语言所所长李荣教授主持，讲座之后，我回答了与会者的一些问题。

6 月 4 日，我们参观了几个博物馆并且在友谊商店购物。随后，我在社科院做了另外一个讲座，这一次是在社科院拉美所，由所长苏振兴教授主持，苏教授是一位杰出的拉丁美洲研究专家，当年 5 月访问过利马以及智利的圣地亚哥。在座的还有副所长以及中国拉美研究会秘书长徐世澄，他曾经是古巴的罗伯特·费尔南德斯·雷塔马尔（Roberto Fernández Retamar）和何塞·安东尼奥·博尔顿多（José Antonio Portuondo）的学生；还有复旦大学的英文教授 Gap Ho-yi 先生；研究经济学的专家高铦教授，我们于此前见过面；白凤森教授，他是印卡·加西拉索（Inca Garcilaso）的《印卡王室述评》（*Comentarios Reales*）以及马里亚特吉（Mariátegui）的《关于秘鲁国情的七篇论文》（*7 ensayos*）的译者；涂光楠；历史学家祝文驰以及孙士明；等等。其中一些人在我们此次中国行后还来纽约拜访过我们。

6月5日，我有幸见到了北京市副市长陈昊苏，我们曾于1983年在利马相识，当时他叮嘱我来北京的话别忘了去拜访他。

6月6日星期四，我们很高兴地参观了北京大学并且和赵德明教授做了一番长谈，赵德明教授翻译过许多著名的拉美作家的作品。在他的陪同下，我们欣赏了北京大学由两个大狮子把门的东方式入口。赵教授还领我们参观了始建于1902年并拥有400多万册藏书的北京大学图书馆。

我们在社科院语言所一位教授的陪同下参观了北京及其周边的许多名胜古迹。从6日到9日，我们去了临近内蒙古的山西大同，在那儿参观了许多大大小小的寺庙和佛塔。9日星期天我们返回北京，并参观了孙中山先生的夫人宋庆龄的故居。接下来的星期一，我们乘坐火车去往天津并逗留了数日，在那儿参加了南开大学和天津师范大学举行的学术研讨会，和天津外国语学院的老师会谈并交换了双方关于语言学研究的心得体会。

在天津，最难忘的经历是参观了周恩来纪念馆，在馆内我们深刻感受到周总理的智慧及其对中国做出的贡献。天津社科院的一位领导给我们讲解了周总理的一些生平事迹：他如何在1927年组织了上海工人运动［也就是1933年出版的安德烈·马尔罗（André Malraux）的小说《人类状况》

（*La condición humana*）中描述的事件］，以及他在长征中九死一生的惊险历程；1945年10月在重庆和后来去万隆的路上屡遇暗杀。由于其声望，周恩来得以在“文化大革命”中起到调解作用。他保证了政府的正常运行，并且从红卫兵手中保护了邓小平。尼克松总统以及国务卿基辛格认为周恩来是他们见过的最聪明的人之一。

结束了天津的行程之后，我们去山东各地逗留了几天，尤其是泰山。泰山是联合国教科文组织批准的中国21处人类文化和自然遗产之一。泰山位于山东省中部，海拔1545米，古代皇帝在和平和繁荣时期都会到此祭拜天地。

结束了泰山之行后，我们去了孔子的故乡鲁国都城曲阜。孔子去世后，鲁国国君以及后世不同朝代的帝王给他分封了各种谥号。蒋介石的国民党政府（1912—1949年）也尊奉这位圣人。孔子的学生们在曲阜给孔子修建了一座寺庙。汉朝以降，历代帝王不断扩建孔庙以及孔墓。1985年我们下榻于孔庙招待所，就近欣赏了孔庙内中国古代风格的建筑楼群，这是中国继紫禁城（故宫）和颐和园之后名列第三的重要建筑。孔庙的正殿大成殿四周环绕着宽敞的走廊，屋顶由28根巨大的雕龙石柱支撑着，前头的十根大石柱上有浅浅的龙形浮雕，巨龙周围环绕着的珍珠和云彩呈螺旋式上升，直至屋顶。这些大柱子的壮观程度比起故宫的石柱有过之而无不及。据说为了不引起皇家嫉妒，在帝王来访期间，这些石柱都被用黄色丝绸包裹起来。

我们在曲阜的时候，这个城市有6万人口。它在春秋时期曾是鲁国都城，直到1937年，孔家后人还一直居住在这座城市。1994年，联合国教科文组织将这座城市里与孔子相关的三个遗址（这三个遗址分别是孔庙、孔府和孔林）认定为人类文化遗产，此城因此吸引了世界各地的游客。

在结束了两天的孔庙之旅后，我们继续乘坐火车南行并再次参观了南京。在南京大学我做讲座之前，我们认识了我的同胞吉耶尔莫·达尼诺·黎跋陀（Guillermo Dañino Ribatto，1929—），他是宗教教育机构拉·萨耶（La Salle）兄弟会的一员，拉·萨耶自 1979 年以来数度在中国教过书。我的这位同胞达尼诺说，他从几十年前在秘鲁时开始，就对他周围接触到的中国文化很感兴趣。他出版过 20 多部书，其中有两册合集，即一册是《雕龙》（*Esculpiendo dragones*）（利马：PUCP 出版社，1996 年版）；另一册是关于中国文学的合集，是直接从中文翻译的早至 19 世纪的文本。该合集中包括《易经》中的故事，以及《诗经》《道德经》《论语》选段，神话、民间故事、短小的戏剧段子和小说，其中有《三国演义》《西游记》《红楼梦》的节选。合集题目取自刘勰《文心雕龙》中的后两个字。达尼诺对中国文化的倾慕堪比《华夏集》的作者赛珍珠（Ezra Pound）以及《庄周梦蝶》诠释本的作者曼努埃尔·冈萨雷斯·布拉达（Manuel González Prada）①。

结束了对南京的访问后，我们去了广州。在社科院几位教授的陪同下，我们花了两天时间参观了中山大学、广州外国语学院、广州博物馆以

① Ezra Pound, *Cathay*(Londres: E. Mathews, 1915); Bertolt Brecht, *The Caucasian chalk circle* (Londres, Methuen, 1960) 和 Manuel González Prada, “La incertidumbre de Kouang-Tseo”, Carlos García Prada 编辑, *González Prada: Antología poética* (México: Editorial Cultura, 1940), 164。达尼诺在南京和北京的一些大学教过书，他还参演过 20 多部中国电影。2000 年 10 月，我们在利马重逢，我当时要在秘鲁国会组织的研讨会上发言。

及六榕寺。在几位亲戚和朋友的陪同下，我在父亲出生的番禺区待了一天。这些天的参观让我们更好地认识了我们的导游傅威曼（音译）教授。和社科院的其他领导一样，傅教授有很高的学养以及科研经历。在前往广州和回北京的火车上，我们谈到了她最喜欢的话题：诗歌。我有幸和她交换了对诗人李白以及一些诗歌基本要素的看法。我们都认为除了诗歌的节奏、韵律之外，中国诗歌还拥有由声调变换带来的音乐感。

Li Po 是中国诗人李白的拉丁文拼法。李姓是世界上最大的姓氏。Po 来自“白”，但是实际上，中国现代拼音没有浊音 b 和清音 p 的区别。在普通话中，b 可以发成清音也可以发成浊音。而双元音 ai 发成 o 的音。“太白”是李白根据古代中国文人传统成年后给自己姓名挑选的“字”。

回北京之后，我们在宾馆里和嘉宾赵德明教授共进晚餐，他谈到了自己和白凤森教授关于翻译我的作品《拉丁美洲的文明与文化》的合作计划[①]。在我们回纽约的前夜，《中国建设》杂志记者王新建就我们的中国行采访了我，还谈到了我在北京、山东、南京、广州和天津等地的大学做过的讲座或者会谈[②]。

我们从中国满载着收获的许多信息、想法以及合作意向回到了美国。我们从这趟旅行中得出了一个大致的印象。此行是我们第二次访问中国，我们觉得在总结各种体验的过程中体会到了黑格尔辩证法。在美国，资本

---

① 欧亨尼奥·陈－罗德里格斯，《拉丁美洲的文明与文化》，白凤森和赵德明等翻译，北京：中国社会科学院，1990 年，345 页。

经核实，赵德明教授后来未参与该书翻译。——译者注

② 王新建，《采访拉丁美洲华人：欧亨尼奥·陈－罗德里格斯教授访问中国》，《中国建设》（*China Construye*），26.12 (1985 年 12 月)： 60—61。1990 年，杂志更名为《今日中国》，一个更合适的名字。

主义正不知不觉地向社会主义化延伸；而在中国，共产主义开始不那么僵化，慢慢地借鉴了资本主义国家的一些做法，这些做法给中国这个国家增加了一些新的元素。与此同时，国家加快了现代化进程以恢复它古老帝国的国际声望，因为政府意识到了文化不仅仅只是拥有知识和智慧，还要拥有政治上的知识和智慧。

在纽约生活的几十年间，我不停地在纽约公共图书馆以及纽约城市大学和哥伦比亚大学的图书馆里阅读与中国文化有关的书籍，也不断在收集各种有关的书籍以充实我的个人图书馆，这些书中就包括李约瑟（1900—1995 年）的作品。这位大名鼎鼎的汉学家在剑桥大学教了许多年书，他的著作颇丰，其中最重要的当数《中国科学技术史》，这是一部关于中国科技发展的里程碑般的大作。李约瑟于 20 世纪 40 年代末开始执笔，其后的 50 年间他和许多学者合作过。最后终于在生前出版了 16 大卷，在他身后出版的是信息量同样丰富的 4 个副卷本遗作。许多人认为，《中国科学技术史》是近两个世纪以来最伟大的作品之一，堪比达尔文的《进化论》。

李约瑟出生在伦敦郊外，一生都和剑桥大学的凯斯学院相关，他在此获得了医学博士学位，毕业后留校教授生物化学，并在此拥抱了马克思主义，在此和朱利安·赫胥黎（Julian Huxley）开始交往，并奠定了他学术研究的基础。在剑桥，在他的学生的帮助下，他学习了中文。1942 年，他作为英国访问重庆（重庆在中国抗日战争期间是国民党政府的都城）代表团的团长被派往中国。在中国的 6 年期间，他游历了这个国家并且收集了许多中国科技方面的书籍，这些书帮助他解答了一个问题：为什么现代科学源于欧洲而非中国？他的惊人发现迫使他重新思考了自己的问题，并且提出了新疑问：为什么西方比中国晚了那么久才制造出火药、纸张、印刷术、指南针、季节表、害虫的生物控制、拱桥、运河坝、数据制图法、铸铁的马刺马具？西方科技有多少是得益于中国的重大发现和发明？《中国科学技术史》试图回答这些重要问题。在书中，作者证明中国人比欧洲人早了15个世纪开始铸铁，并且解释了为什么西方直到1895年才在医药方面赶上中国；展现了中国人如何发明的十进制、地震仪、铸铁犁、雨伞和马车等；同时也证明了中国古代的天文学家们比西方提早2000年发现了太阳黑子，中国人比西方提早2800年发现了血液在人体内的循环。博学的李约瑟还认为虽然中国人在公元前2世纪发明了曲柄并学会通过链条来推动前进，但是现代自行车最初是源于19世纪的英国。《中国科学技术史》的第一卷于1954年问世。接下来的几年内，相继出版了其他几卷，每卷都有几千页，分成各章节和各部分[①]。我往往不断地拿出收藏的那些卷本重温。

第二次世界大战期间，李约瑟呼吁建立一个国际科学机构。由于他的努力，后来联合国将科学分部加入了该组织，也使得联合国教育文化组织改名为联合国教科文组织。李约瑟享有巨大的国际声誉，但在他第一次申请美国签证时居然因个人政治立场而被拒签了。

1924年，李约瑟和李大斐（Dorothy Moyle，1896—1987年）结婚，

---

① 李约瑟《中国科学技术史》：第一卷 导论（1954年）；第二卷 科学思想史（1956年）；第三卷 数学、天学和地学（1959年）；第四卷 物理学和物理技术，第四卷第一分册 物理学（1962年），第二分册 机械工程（1965年），第三分册 土木工程与航海技术；第五卷 化学和化学技术，第五卷第一分册 纸和印刷，第二分册 炼丹术的发现与发明；第六卷 生物学和生物技术；第七卷 社会背景。

后者也是知名的生物化学家。李氏夫妇继维多利亚女王和阿尔贝托亲王之后，成为第一对同时成为皇家协会成员的科学家夫妇。李太太去世一段时间后，李约瑟娶了他的合作伙伴鲁桂珍（Lu Gwei-djen），他的第二任妻子于 1991 年去世。在美国反共热潮如火如荼期间，李约瑟先后在耶鲁大学、康奈尔大学、约翰·霍普金斯大学、斯坦福大学和欧柏林学院担任过教职，在那之前和之后，他还在华沙大学、克沃夫国立大学、克拉科夫大学和维尔纽斯大学及里昂大学任教过。

一遍遍地阅读李约瑟的《中国科学技术史》让我和中国以及其古老文明保持联系并且从中受益。因此，前秘鲁驻中国大使贡萨洛·古铁雷斯·雷伊内尔给我转发来中国文化部部长蔡武在第二届中拉智库交流论坛开幕式上的发言时，我感到无比欣慰。蔡部长在发言中提到："著名的秘鲁学者欧亨尼奥·陈－罗德里格斯（陈汉基）曾这样描述拉美文化：'拉美文化犹如一条彩虹，在这条彩虹中可以分辨出在这片陆地上同时并存的七种文化的光谱。'"

儒家

起源与传播

儒家是对以中国传统道德为基础的人类行为准则的哲学历史阐述体系。虽然人们普遍认为孔子创立了儒家，但是也存在许多不同的说法。有些人认为孔子享有此名是因为他复兴并且完善了中国传统的哲学思想。孔子的名字由两个字组成，在中文或者汉语里发成“Kong zi”的音，意为“孔夫子”。这个名字于16世纪由在中国的欧洲传教士翻译到西方成为“Confucio”。儒学在中国古代就已经是官方意识形态，但是在21世纪的今天关于它是不是一种宗教仍存在争议。许多中国思想家认为它是一种宗教，但是对于一些欧洲的学者来说，儒家从来不是西方传统意义上的有庙宇和寺僧的宗教。明确的是中国人将孔子尊为大师，许多人像崇拜神一样地崇拜孔子，尤其是在汉朝，儒学被尊为国教。

孔子姓孔名丘，于公元前551年9月28日（也有人认为他出生于10月21日）在鲁（也就是今天的山东省）东北部的村庄曲阜出生。孔子是宋国一家富庶人家的独子[①]。其父叔梁纥是宋国贵族，其母是地位卑微的颜徵在。据史书记载，颜氏嫁给孔父时后者已经46岁[②]。有传说，在孔子出生前不久，有条龙自天而降将智慧之书带到了孔子的摇篮边，随后在火舌中消失。因为初生的婴儿脑袋上有些皱褶，故而被命名为丘，随后才被冠以孔姓。当孔子三岁之时，他的父亲过世，母亲不久后也离世。因此少年孔子颇是经历了生活的困窘，但是他成年之后，克服了生活的种种困难着手将葬在不同地方的父母二人移到一处合葬。因为不确知他母亲去世的日期，后世将鲁国国君给境内大儒赐宴而孔子着丧服出席的那一天当作他母亲的丧期。公元前534年，鲁国国君在自己去世前夕，将继位的儿子叫到跟前，给他描述了一番17岁的孔子谦虚的性情，老国君将孔子称为智者。随后，他要求自己的继承人必须遵从这位年轻的未来哲人的劝告。

19岁的时候，年轻的孔子成婚，妻子并不了解他，在给他生下一个资质平平的儿子后便离他而去回了娘家。孔子的儿子给他诞下了唯一的孙子——孔伋，后者最终成为儒家最杰出的诠释者之一，并撰写了《中庸》来阐释儒家最核心的原则——“仁”（仁善或者无私）；根据该书，儒家第二重要的美德是“义”（正义或者正直）；再接着是“礼”（仪式的组织或者装饰方式）；然后是“智”（智力，洞察力和判断力）；第五位是“信”（言出必行）。

从年轻时代起，孔子就为了养家糊口而辛勤劳作。他负责鲁国国君的

① 孔子是叔梁纥与颜徵在的独子，有同父异母兄弟姐妹10人。——译者注

② 另有资料认为叔梁纥时年66岁。——译者注

粮仓。由于他的敬业，他又被任命负责牛羊群，在新的岗位上他也一样兢兢业业。从30岁到35岁，孔子在不同的部门担任过数个高等职位。他努力使鲁国免于遭受邻国入侵。在一次和强大对手的谈话中，孔子说服了对方让其放弃了进攻的念头。

孔子35岁时，因为和鲁国国君政见不一转而奔赴齐国，成为齐国贵族高昭子的家臣。在齐国，他修习了中国古典音乐，他如此地废寝忘食以至于为了领略这种艺术的精髓，他三月不知肉味。齐景公慕名向孔子询问统治之术，孔子回答说："君要像君，臣要像臣，父要像父，子要像子。"齐景公极为赞赏，欲起用孔子，但是嫉妒的齐相晏婴百般阻挠，认为孔子的学说不实用、人们终其一生也无法达到他所推崇的境界。

孔子47岁时，有人就城墙中挖掘出的一些骨头请教他一些历史问题。据说孔子看后断言这些是恐龙的骨头。这些骨头或许是当时中国的某种食草禽类的遗骨，也可能是恐龙的祖先，从那以后这种鸟被命名为"孔圣鸟"。

鲁国很快经历了一场道德危机，这场危机从朝廷迅速延伸至百姓。孔子大失所望，遂弃官离鲁，致力于钻研学问、著书立说、传播学识。随后，孔子开始编辑诗歌、历史、礼乐作品，并且成为那个时代最伟大的编辑，同时他的弟子数也大量增加。他们中的许多人来自其他列国的各个地区，希望能够亲耳听到夫子的教诲。

鲁定公九年（公元前501年），孔子任中都宰，有机会得以实施他的政见。他的政治生涯和柏拉图正好相反：柏拉图理想国里的政见在实际中完全行不通；而孔子担任中都宰一年后，就将他治下的城市变成中国的模范城市。他也因此被提拔为司空，之后又任大司寇。他的杰出政绩在《礼书》里的一个段落里有记载，记录了在他出任大司寇三个月后，屠夫们不再短斤缺两，普通百姓男男女女都能够放心地在大街小巷安全地穿行，人们夜不闭户，外邦来客到此宾至如归。孔子也就此实践了自己的政见：当一国之君以德治国时，这个国家就不需要法律了，百姓也不敢行不诚实之事。

孔子在世时，中国经历了史称的春秋时期，时局动荡，周王朝日渐式微，不断受西部地区各部落攻击。目睹周朝衰落，孔子提出了一系列稳定社会秩序的政治纲领。他提议回归周朝之前的旧朝，认为政府应该提倡前朝（如商朝）时期的各种礼仪。孔子提出保持旧风俗，认为它们是中国文化的根基，他还认为遵守仪式是保持天下秩序的一种有效方式。他坚信统治者应该以德治国、严格遵从仪式，以保持社会和天地的和谐。他对于仪式和道德要求的坚持使他渐渐为鲁国国君所不喜。最后，当鲁国国君疏于政事整日沉溺于与敌国进贡的舞女寻欢作乐时，孔子不得不去官离鲁。离开鲁国后，孔子花了 5 年的时间周游列国。在他的游历途中，卫国卫灵公夫人南子召见他。孔子接受了邀请，并和南子在马车里相见。在和南子的见面中，孔子发现在他们经过街市时，百姓对国公夫人非常仰慕，孔子也因此感叹，说他从来没有见过百姓像仰慕一位美丽的国君夫人一样景仰任何一位圣人。他的结论是美丽的女子对百姓的吸引力要远大于一个智者。在和南子长时间的谈话后，孔子批评了南子夫人不遵从道德的行为。

还有一次，一位邀请孔子的军官意图行刺他。夫子的弟子们得知后，纷纷劝他逃离该地。孔子拒绝了弟子们的建议并说自己天命在身，不畏惧任何伤害，因为上天给他安排了一场高尚的道德使命。

在退隐政坛并且不问政事后，孔子专注于教学和收集三千旧歌；他从收集的资料中选出最好的并赋予它们跟时代相符的文学色彩，这也就是《诗经》的来源。在这部重要的作品中，孔子确定了音乐从古典到民歌的四种类型。

孔子学说的核心在于施行正义、尊重秩序、捍卫传统、不断学习；培养包括宽容、善良、仁慈、兄弟和睦、孝敬父母在内的美德。孔子的弟子们每日记录下夫子的言行，并在中华大地上广泛传播。孔子是中国文化最重要的人物之一；他的思想影响了后世中国人的所思所想、一言一行。他推崇冷静的头脑、火热的心和伸出的双手，他认为万物皆有其美，但并非人人都有一双发现美的眼睛。从孔子始，中国复兴了传统的“六艺”，也就是中国传统的六门学科或者六种艺术：①礼；②乐；③射；④御；⑤书；⑥数[①]。对孔子而言，高贵的人并非指那些出生在高门大户的贵胄，而是指道德上无可指摘的君子。

在私下和村民的相处中，孔子慷慨而有礼，但是少言寡语。相反，在公共场合以及庙堂之上，他总是侃侃而谈。在宫廷里，孔子面对高官总是严肃而彬彬有礼，但是面对百姓他却平易近人。公元前 401 年的春天，他陪着鲁国国君出门狩猎。数个回合之后，鲁国国君捕获了一只象征坏运气的动物。孔子安慰随行人员，并且向他们解释说这是一只独角

① 中国古代六艺堪比中世纪欧洲大学里的三艺 (trivium)（语法、逻辑和修辞）和四术（quadrivium）（算术、几何、音乐和天文）。

兽[①]，并且让人把它送到自己家中，尽管他在家中也无法掩饰对独角兽可能会带来厄运的恐惧。不久以后，当他的一位亲近的弟子去世，孔子宣布说他窥见上天要让该弟子放弃使命，而弟子没有领悟到，因此上天终结了他的使命。另一位弟子问夫子为何这么说，夫子解释说希望他们不怪罪上天或者世人，并且尽力完成天命。 据传，孔子有弟子上千，其中许多人后来成为著名的思想家。这个说法或许有夸张之处，但是史书的确记载孔子是一位影响力巨大的大师。就像苏格拉底一样，孔子周游列国，身后往往追随着众多弟子。

随着孔子年事渐高，他的健康状况每况愈下，他感叹说如果道德没有在世间施行、政府没有尽到它的责任，他将死不瞑目。他担心他的作品没有完成，后世很快就会将他遗忘。因此强烈的挫败感促使着他不顾健康状况完成《春秋》，记录了公元前 8 世纪一直到公元前 481 年鲁国的 12 位国君的历史。他向弟子们展示了这部作品，并希望后世能够通过这部书理解他并对他做出公正的断言。第二年，他感觉日益虚弱；就在他要借助拐杖行走的时候，他的另一位弟子去世了。一日清晨，他走向一位弟子，并唱着歌，歌词的大致意思是：当山崩地裂时，大厦将倾，哲人将去。他流着泪水告诉弟子们，统治者的冷漠让世人生活在混乱的道德之中，他向弟子们解释说，夏朝的人死了，要把棺材停在东厢的台阶上；周朝的人死了，要把棺材停在西厢的台阶上；我们殷商的人死了，是要将棺材停放在

---

① 中国神话传说中的独角兽叫麒麟，鹿身、狮头、腹黄，长着一只巨大的角。它和希腊神话里的独角兽不同，后者是凶恶的女魔头形象，身子头部为狮子、中部是公羊、臀部还是狮子。

堂屋的两个柱子中间。孔子告诉弟子说昨天夜里，他梦见自己坐在两柱中受人祭奠，大约是因为他是殷商的后代。孔子讲完这段话之后的第七日就去世了，享年 73 岁，时公元前 479 年。鲁国国君下令将孔子葬在他的故乡曲阜以北的泗水河上[①]。他的弟子们守了三年的孝，之后各自散去、四处传播夫子的思想。他的一位弟子子贡在孔墓边守孝六年，随后孔墓边渐渐聚拢了上百户人家，形成了孔林。孔子的后人世代供奉祖先，并且在孔墓周围召开学术会议。汉朝时，对于孔子的祭奠达到了宗教供奉般的仪式，从那以后许多人将孔子尊为圣人。值得一提的是，汉朝的皇帝们尊儒术，将儒家和道家并列，并且在他们统治范围的地理版图上广泛传播，甚至传到了今天的越南、中亚、蒙古、朝鲜半岛，并且沿着丝绸之路传到了波斯和印度。

孔子的数位后人都在历史上留下了记录。在漫长的历史过程中，孔子后人在《易经》出现的年代致力于教授六艺。有证据显示，孔子的直接后人现在传到了第 79 代。著名的包括中华民国财政部长孔祥熙博士。21 世纪仍然有许多孔家后人，孔子大约比世界上的其他任何一位哲学家留下的家谱都长。

孔子著述

众所周知，基督教经典体现于《圣经》中；伊斯兰教的精华在《可

---

① 孟子继承了孔子的仁政学说，也是中国著名的思想家和教育家。联合国教科文组织将曲阜认定为世界文化遗产。我的太太拉克尔和我 1985 年应中国社科院的邀请在曲阜度过了难忘的一个星期。

兰经》中；孔子思想的精髓则体现在“四书”“五经”中。香港广受尊重的神父高师谦（Nicholas Kao Se Tsien）（1897? —2007 年）将“四书”“五经”和《圣经 · 旧约》进行过比较。“五经”包括：《诗经》《尚书》《礼记》《周易》《春秋》。

我们在一一解释这些书之前应该先对它们有个大致的了解。

1.《诗经》

《诗经》由 305 首诗歌组成，其中 160 首民歌、74 首宫廷节日用歌、31 首宫廷庄严庆典用歌、40 首颂歌用于皇室祭祀先祖神明的仪式。这部作品被认为是孔子本人收集的资料，取自中国丰富的文学传统，中国的文学传统往上可追溯至有官方历史记载的古老年代，包括明朝供识字的大众娱乐之需的虚构作品。据统计，到 17 世纪在中国产生的书写文本数量要超过世界剩下所有国家的文本之和。唐朝（618—907 年）雕版印刷术的发明以及宋朝（960—1279 年）毕昇的活字印刷术的发明使得文字知识在中国得以广泛传播。商朝（公元前 16—前 11 世纪[①]）发现的甲骨文见证了中国最早的文学记录。这些文字上已经出现了中文汉字的雏形，其中的许多经过不断的演变和发展到现在仍然在使用中。

2.《尚书》

《尚书》是中华民族的历史文献汇编。这本书是孔子哲学思想的灵感

① 原文如此。应为公元前 17 世纪—前 11 世纪。——编者注

来源。一共有58篇，其中33篇被认为是作于公元前4世纪及以前。全书前5篇保留了上古传说中的皇帝的言行记录；接下来的4篇是关于夏朝的；之后的17篇是关于商朝的；最后的篇幅是关于西周的记录。

3.《礼记》

《礼记》描述了古老的礼仪。该书是周末或汉初的无名氏作品。收录了孔子门人在公元前3—前2世纪收录的各种文本，尽管它的文本出处应该是更古老的朝代。该书分为46篇，是《周礼》的四部书之一，它记录了周王朝的各种礼仪以及合乎礼仪的行为方式，认为礼仪的遵守是维护社会政治稳定必不可少的要素。实际上，这是一部真正的行为准则，意在展示在人类生存的不同境况下各种合适的行为方式，指出仪式对于维护秩序的重要性，以及仪式必须和天地社会的秩序相吻合。该书中包括的仪式分为5个部分（即节日的、决斗的、军队的、待客的以及饮食的），所有这些都源于天。孔门的礼仪论述分为5章：仪式上的演说；最古老的仪式；各种标志；孔子以及弟子的言行记录；古老的谚语和格言。

4.《周易》

《周易》即《易经》是中国占卜用书，最早的一些篇章显然写于公元前1200年前后。之后其篇幅在周朝有所增加，后世孔门学派的评论家也渐渐增补一些篇幅，但是其最初的内容仍然来自道家思想。《易经》认为，天地间的各种变化如四季般循环往复，这也是道家的关于阴阳的观点。据说，该书描述了查经人当时的状态并对未来事态发展进行预测，认为查经人只要采取正确的态度，问题都可以迎刃而解。这是一部关于预言的书，也是一部道德书，同时由于它的结构和各种象征，它也是一部哲学书和关于宇宙起源的书。根据该书描述的宇宙，所有的能量都来自于天，而大地吸收并且孕育原始能量。实际上，《易经》依据八卦进行占卜，而八卦被认为是伏羲皇帝所创。这些卦象由三条平行直线构成。每条线都可能是连续或者不连续的。在孔子时期，人们还用八卦重叠成六十四卦为结构框架。目前关于该书的各版本中有三个被人们认可的来源：

（1）伏羲八卦；

（2）周文王所作的《周易》；

（3）孔子和他的弟子们的编撰。

西方最著名的易经专家之一为德国汉学家卫礼贤（Richard Wilhelm，1873—1930 年）。他的儿子卫德明（Helmut W. Wilhelm，1905—1990 年）是我 1954 年在华盛顿大学修中国古代史时的授课教授[①]。卫礼贤于 20 世纪 20 年代出版过许多面向西方读者的关于中国文明的经典书籍，其中包括 1923 年出版的《易经》。1948 年出版了《易经》的新版本，由集体无意识理论的创立者、瑞士心理学家卡尔·荣格（Carl Jung）作序。而卫德明的版本则将这本书分为三个大部分，第一部分是《易经》最古老的文本，而

① 我的老师卫德明 1932 年于柏林大学获得博士学位，从 1948 年起在西雅图华盛顿大学教书，直到 1971 年退休。他的课学术要求非常高，但是课堂气氛总是非常热烈，让人有许多收获。他关于《易经》的阐释于 1944 年第一次以德文出版，后来翻译成英语，题为《变化：易经八讲》（*Change: Eight Lectures on the I Ching*）。他于 1951—1967 年关于《易经》的其他论述都集结在 1977 年威斯康星大学出版社出版的《易经中的天、地和人》（*Heaven, Earth, and Man in the Book of Changes*）一书中。

将《十翼》或者孔子门人的评注留在了第二和第三部分。这个版本原文是德文的，1949 年被译成英文，1950 年译成了意大利文。我的老师卫德明出生在中国，并且在中国生活过几十年，这本书对他而言意味着中国思想和哲学的精髓。它涉及了人类生活最本质的问题：人类在宇宙中的位置以及人类和自然的关系、连续之中的变化、和平作为一种思辨的概念、领导力、权威以及自由等等。

5.《春秋》

《春秋》是中国的古老史书，传统认为是孔子所编。书中记述了鲁国从公元前 722 年到前 481 年 12 位国君统治的历史事件。最初的作者已不可考，但是据说应该是在公元前 4 世纪孟子前后。明确的是孔子收集整理了从公元前 722 年至前 481 年间周朝的所有零散的历史记录。其中包含了具体而详细的关于统治者的出生、婚丧嫁娶、王位更迭、战事胜败、饥荒、大旱、洪水、日月蚀的数据，但是不带有任何明确的阐释。

“四书”包括:《大学》《中庸》《论语》《孟子》。

1.《大学》

《大学》是一部关于高等教育以及道德品行的书，收录了宋代朱熹挑选的中国古典文学中的经典作品。它是了解孔子思想的入门读物，书中的评论构成了儒家思想的基础。在明清两朝，它是皇家科举考试的基本读物。《大学》由一篇据说是孔子言行录的简洁文本构成，附加十篇据传是孔子弟子曾子所作的评注。主要作者是孔子，但是作品在他死后传播。

《大学》的主要教诲包括：

（1）成年人需要知书达理、保持道德的平衡和完美，以通达人生之道。

（2）充分的休息和思考以获得大脑的安宁，因为只有当一个人平静和反思的时候，道才会向他展现。

（3）确立事情的先后缓急并且寻求道德的完美，才能得以专注在重要的事情上，这与儒家思想中的道是相符合的。

（4）我们的事务和关系需要有序和谐。因此，我们先要整理自己的小家和私人生活。那些自学并且传递知识的人有义务要求君主保持国家的秩序和和谐。

（5）人类有自学能力，这和他的社会、经济和政治地位无关。勤奋是通往知识的通道。

（6）教育应该被当成一个错综复杂、互相关联的体系，因此割裂的片面的学习不可能达到最佳的效果。

2.《中庸》

《中庸》是一部充满各种象征意味的书，并且是指导人们如何实现自我完善的新儒家的经典，重点是关于中庸这个概念的阐释。中庸的概念来源于《论语》中的论述：子曰“中庸之为德也，其至矣乎！”该书属于新儒家运动后期的经典，详细地阐释了“中庸”这个概念的含义以及其在日常生活中的实际运用。这个词和亚里士多德提倡的黄金分割点有部分相通之处。中庸被描述为“不偏不倚”。“中”意思是“不折不弯”；“庸”指“不变”。根据理雅各（James Legge）的英文译本，中庸的目的是保持平衡和和谐以使得大脑达致持久的平衡状态。秉持中庸之道的人不会自我放弃，他谨慎、友好、不轻视下属，总是顺势而为。普通男女可以将中庸之道应用于日常生活中，这样就能不违背天道。根据《大不列颠百科全书》，中庸可以代表谦逊、正直、客观、真诚、诚实与和谐，其核心是永远不要过分。

《中庸》分为三个部分：

（1）儒家思辨的中心；

（2）政治过程；

（3）完美的世界、真诚和道德。

据说《中庸》的作者是孔子唯一的孙子——孔伋。

孔伋是这么描述思想的：“天命之谓性，率性之谓道，修道之谓教”，他主张的中庸思想和新儒家的传统并不太吻合，反而和道家哲学中认为万物适度以达到阴阳平衡相符。这一哲学比新儒家社会的其他任何东西都要开明。

3.《论语》

《论语》收录了孔子和弟子们的谈话与讨论。“论语”意思是“讨论（孔子的）话语”，创作于春秋时期。该书因其在中国及其周边国家的影响而被认为是儒家思想对世人的最大贡献。

4.《孟子》

孟子被认为是中国研究孔子最杰出的思想家，生活年代是公元前372—前289年。在他的作品《孟子》中，孟子提出人性本善，能够行有理智的、正直的事情。根据孟子的思想，在所有人的内心深处都有四种情感指引着他走正确的路：

（1）恻隐之心；

（2）羞恶之心；

（3）恭敬之心；

（4）是非之心。

这些情感如果得以发扬，人类就能达到仁慈、正直、文明、有智慧。孟子试图影响他同时期的君王，意图让为君者创造有利的条件以让百姓充分发扬善意。他坚持认为明君当关注民生疾苦。

中国的这些古籍经典以及它们的传播者在之后几个世纪的注疏构成了海外华人（包括在美洲的华人）思想的基础以及日常生活的指导。

对孔子及其思想的评价

孔子一生致力于教书育人，据说他弟子三千，其中十位是儒家经典中经常提到的。在担任公共职务期间，孔子在鲁国不计名利地实施了许多重要改革。但是，被社会腐败激怒的孔子愤然离开鲁国，周游列国著书立说，以此奠定了中华文明的基石。受家乡传统的启发，孔子致力于保持并且完善中国古老的民间智慧。他的哲学体系通过他自身以及他的弟子们影响了他的同时代人以及后代。孔子被尊称为“师祖”并被认为是游学的始祖，这并不说明他是儒家思想的唯一缔造者。他自己也承认这一点：“我传播和评论古人的教条，但是我没有创新。我信仰古人，我尊敬他们。”（林语堂，《中国智慧》，1945，322 页）孔子坚持培养有教养的人，希望兄弟和睦。得益于他的教导，中国在 6—9 世纪成为世界上最繁荣的文明之一。当欧洲还处在中世纪的时候，中国已经开始培养人文主义、重视艺术、培养公民以及士兵，同时也没有妨碍科学进步。

孔子认为，大科学或者说实践哲学的基本目标在于培养理性、施行教育、寻求真理，人类行为应该以此为指导达到完美。孔子建议人们树立目标，并以此指导自己的行为、发现自己的使命，并实现它。孔子认为，一旦下定决心，就不再会有犹豫和不安；一旦实现精神的平静，就能保持内心长久的安宁；一旦获得安宁，就能够开始思考和把握万物的本质，接着也就能够达到完美的境界。万物都由因产生果，因为人类的所有行为都建立在因的基础上，从而产生果。了解我们行为的因果构成我们理性的根源，我们才能由此达到完美。

根据孔子的思想，中国古老原则的第一条就是正确治理自己的领地，让家庭和谐，自我反省，谨慎，行美德，在所有的行为中保持正直和真诚。因此，我们要不断地完善自己的道德，努力了解我们行为的动因。了解我们自己行为的动因，我们才有可能完善道德认识，才能让基本的美德得以实现：这些美德即正直和真诚。当我们达到个人完善的时候，家庭和国家也会有序。当所有的王国都管理有序时，整个世界就能和平和谐。从最高贵到最低贱的人，所有人都必须完善并且修正自己的行为，因为个人的完善是所有进步以及道德发展的基础。在自然秩序下，有序的系统状态不可能产生和混乱的无序状态下一样的结果。因此，应该总是避免将不那么重要的事情置于重要的事情之前敷衍处理，因为人们通常对于不那么重要的事情很难持认真态度。

儒家中对于祖先的尊重是很重要的，因为人们相信先人的灵魂可以帮助或者惩罚后代。随着时间的流逝，祭祖变成了一种象征性的民间仪式。儒家另一个重要思想是相信皇帝或者天子是上天和百姓之间的使者。统治者有权力和权威举办各种仪式。人类必须和宇宙保持和谐，也就是说，遵从天命。因此，人们应该通过自省和学习自我完善。当人们达到自我完善时，就认识了自我，了解了天意，才能正确地发展“礼”，或者礼仪。“礼”的发展对于“仁”也就是善待他人是很重要的。要施行“仁”要先有“忠”和“恕”（忠诚和谅解）。我们内心深处的“仁”让我们得以能够施行正义，这些好的品质也就是所谓的“义”。

在中国几千年的历史长河中，有些皇帝将儒家进行改造使其适合他们的统治，并因此摈弃了儒家思想中的反叛因子。中国人民一直到皇朝终结、1912 年中华民国成立之后仍然拥抱儒家。

跨太平洋双边关系

历史沿革

欧洲对于远东的兴趣由来已久。在亚里士多德（公元前 384—前 322 年）和塞内加（公元前 4—公元 65 年）的著作中都提到过伊比利亚和印度海岸之间的可行而便利的航程，但是直到中世纪，欧洲往亚洲扩张的兴趣才引起广泛的关注。在纳瓦拉的“智者”桑丘六世统治期间，西班牙人本哈明·德·图德拉（Benjamín de Tudela，1130—1173 年）游历了亚洲的许多地区，并且以文字的形式记录了他于 1159—1173 年在这片遥远的土地上耳闻目睹的种种奇迹。他的作品《旅行记》（*Séfer Masaot*）就是以作者的这些漫长的旅程中收集的笔记和印象为基础，作者在书中提到在旅行中和犹太团体有所接触，并专门描述了开封的犹太中心。

13 世纪（处于中世纪）的欧洲对远东的产品兴趣剧增，其中包括从丝绸之路进口的香料和奢侈品，当时的欧洲通过丝绸之路经由阿富汗和中国相通。两个意大利人教士胡安·德·普拉诺·卡尔皮内（Juan de Plano Carpine，1182—1252 年）和“百万君”马可·波罗给中世纪的欧洲带去了关于蒙古人以及他们领地的消息。前者是教皇伊诺森西奥四世（Papa Inocencio IV）派往蒙古帝国的外交使臣，在蒙古帝国由新的可汗贵由（Güyük Khan）接待了他，款待了他三个月并且托他转交给教皇一封由蒙文、阿拉伯文和拉丁文写的信件。这趟旅行（1245—1247 年）之后，卡尔皮内教士完成了他最初的两部作品，描述了蒙古人在中亚的地位。这两部作品是《我们称之为鞑靼人的蒙古人的历史》（*Historia Mongalorum quos nos Tartaros appellamus*）和《鞑靼人书》（*Liber Tartarorum*）。第二位给欧洲传递消息的是马可・波罗，他的历史地位已经众所周知，由于他热衷使用"百万"这个量词来向人们描述他在东方目睹的各种辉煌和富足，因此人们给他取了个绰号叫"百万君"。

精于东方贸易的威尼斯商人尼古拉斯和玛特奥・波罗（Nicolás y Mateo Polo）兄弟俩于 1255 年开始游历亚洲，1266 年到达了汗八里（也就是今天的北京）。他们从中国带回了一封大汉忽必烈给教皇的信，信中忽必烈请求教皇派个文化人来给他们讲解欧洲生活。1271 年波罗兄弟带着教皇的回复开启了第二次东方之旅，随行的还有尼古拉斯年仅 17 岁的儿子马可・波罗。马可・波罗在中国和忽必烈结下了深厚的友谊，随着时间的推移，他在中国度过了 17 个年头，给忽必烈充当顾问和使臣，在游历了中国的广大地区之后，他确认中国文明在许多方面都要比欧洲文明先进。

波罗家族三人于 1295 年从中国返回后，居住在威尼斯，给人们讲述他们在东方的奇遇。三年之后，1298 年，马可・波罗由于参与了日内瓦和威尼斯之间的库尔佐拉战役被捕入狱几个月。监禁期间，马可・波罗通过口述让他的狱友给他用普罗旺斯语记录了他的东方经历，它成就了大家熟知的《马可·波罗游记》。该书原稿已经不知所踪，但是至今保存着数份互相矛盾的翻译件。14 世纪初叶，加泰罗尼亚人雷蒙多·卢里奥（Raimundo Lulio，1232—1316 年）倡议要在欧洲大学里开设东方语言教席，由此可见当时的欧洲对亚洲的兴趣。1375 年西班牙马略卡的地理学家们绘制了一份欧亚地图，当时葡萄牙王室对航海尤其感兴趣，而且正在沿着非洲海岸急剧扩张，甚至到达了好望角[①]。

1477 年，《马可·波罗游记》的第一版在纽伦堡出版，随即引起了巨大的反响。该书很快被翻译成了欧洲多国语言。其中一本落入了航海家恩里克（Enrique el Navegante）的手里，被他用来支持葡萄牙人的环非洲航海之旅，最终通过达伽马率领的船队穿越惊涛骇浪建立了和印度通商的新航道。另外一本，碰巧进入了哥伦布的视野，最终促成了西班牙天主教国王赞助哥伦布穿越大西洋发现印度群岛的伟大航程。西班牙国王让哥伦布带上了他们给震旦（Catay，即中国）国王和希盘古（Cipango，即日本）国王的信，这两个国名都是马可·波罗在他的游记中提供的。

16 世纪来到远东的欧洲人

1543 年葡萄牙人在日本登陆，成为最早到达这个国家的欧洲人。1549

---

① 卡洛斯·桑斯（Carlos Sanz）的《西班牙与亚洲和大洋洲的最早期交往》（*Primitivas relaciones de España con Asia y Oceanía*），马德里：通用书局（Madrid: Librería General），1958, 35–45。

年，西班牙耶稣会教士弗朗西斯科·哈维尔（Francisco Javier）在同伴科斯美·德·托雷斯（Cosme de Torres）和胡安·费尔南德斯（Juan Fernández）的陪同下到达了鹿儿岛（当时的日本首都），他们带去了传播基督教和欧洲文明的使命[①]。和欧洲的最初接触在日本社会生活的方方面面引发了巨大的变化。1551 年，教士哈维尔从日本出发去了印度的果阿，1552 年到达了中国，他的亚洲之行主要目的就是宣扬天主教，但是同年的 12 月他不幸患了重病，在广东的一个小岛上离开了人世。不久之后，于 1582 年，意大利的耶稣会教士利玛窦（Matteo Ricci，1552—1610 年）以传教士身份到达了澳门。他在葡萄牙的这个海外港口学习了中文和中国文化。1583 年，他进入中国大陆，1601 年他到达了北京，并且在此主持修建了这个庞大的中央帝国的第一座天主教堂。

16—18 世纪到达拉丁美洲的中国人

根据历史记载，远东最早到达新世界的移民是菲律宾的华裔，史称“商旅”（sangleys）。暂且不提美洲印第安人的东方起源说，或者东方人在前哥伦布时期已到达西半球的种种假设和传说，也不追究关于中国僧人惠深于 5 世纪时从海路到达墨西哥的传闻。根据有明确文字记载的史料，西班牙和东方之间最早的跨太平洋双边关系可以上溯到大约 1521 年，从

---

① 例如，1590 年前后，耶稣会教士带去了发明自中国的类似活字印刷术的一种印刷方式。以这种印刷方式印刷了大量的文学、宗教和语言学文本用以在远东传播基督教。

1564 年开始随着西班牙语美洲和菲律宾的联系加强，西班牙和亚洲交往日益频繁。众所周知，1492 年哥伦布的帆船原定目的地是中国和日本，以获取令人垂涎的香料。但是，葡萄牙把持了非洲航道，土耳其占领了君士坦丁堡，导致了丝绸之路关闭，也迫使哥伦布的海船取道大西洋。而哥伦布至死都认为他登上了中央帝国的领土。

从 16 世纪最后 20 年至 19 世纪初，在来往于马尼拉、墨西哥以及秘鲁总督辖区之间的商贸活动中，中国商品始终是重要的组成部分。由于殖民地高官的暗地合作，马尼拉经由阿卡普尔科港口（Acapulco）到卡亚俄港（Callao）之间的走私贸易量甚至一度超过了合法贸易总额。频繁的商贸往来极大地便利了中国人在菲律宾的扎根，1602 年在西班牙殖民地菲律宾首都马尼拉甚至有超过 2 万名中国居民，而西班牙人仅仅只有 800 人。在接下来的几个世纪中，菲律宾的华人数量增加到了 3.3 万。随着时间的推移，西班牙人渐渐和在菲律宾的华裔商旅[①]，尤其是手工匠人，改善了关系，因为西班牙人认为手工艺人对于他们适应亚洲的环境起到至关重要的作用。马德里殖民政府在 1579 年 4 月 14 日批准了中菲和西属拉丁美洲殖民地之间的商贸关系，二者之间的商贸往来在 17 世纪和 18 世纪一度繁荣而兴盛，尽管塞维利亚商人们不时地试图限制或者从中捣乱。

马尼拉大帆船上有为数众多的中国裔海员，他们中的一些人从 16 世纪末开始在西班牙的美洲殖民地定居。比如说在秘鲁，1603 年，他们中

① 《皇家语言学院字典》2001 年出版的第 22 版本中定义 sangley（音译是“商旅”）：1. 形容词。指的是在菲律宾经商的中国人。

的许多人都参与了利马石桥的建设。根据门特斯克拉罗斯（Montesclaros）侯爵的统计报告，10 年后，在秘鲁首都利马有 38 位华人，这些人和他们的后裔应该是取道马尼拉—阿卡普尔科—巴拿马—瓜亚维基尔—帕伊达—卡亚俄进入秘鲁的。其后，奥斯曼帝国对君士坦丁堡的攻占切断了丝绸之路，由此也关闭了欧洲的远东贸易活动，尤其是香料交易，而在冷冻技术广泛使用之前，香料对于食物的保存是至关重要的。和亚洲的贸易往来产生的利润惊人，这刺激着欧洲人到处传播马可·波罗提供的关于东方的各种消息，丝绸之路的中断也导致亚洲商品的价格哄抬。

由于沿非洲进入远东的海上航道被葡萄牙人一手把持，欧洲其他国家急需找到一条新航线，得以进入大汗帝国。欧洲人认为，那儿的香料、丝绸、瓷器、异域香精、珍珠和火药，无一不产生巨大的利润。面对使用传统路线进入远东的重重困难，哥伦布决定朝西跨越大西洋。他穿越大西洋的成功之旅给 15 世纪的西方世界带来了革命性的影响。数年之后，麦哲伦和埃尔卡诺在 1519—1522 年完成了首次环球航程[①]。

新西班牙凭借其有利的地理位置成为和东方建立联系的最佳地点。埃尔南·科尔特斯（Hernán Cortés）一在墨西哥立足，就开始野心勃勃地通过和远东贸易以及征战来获取更大的利益。为此，他在靠近阿卡普尔科的兹华塔内霍港口（Zihuatanejo）配备了一支武装舰队，并且交给了他的侄

① 前大不列颠海上舰队官员加文·孟席斯（Gavin Menzies，1937—）在备受争议的作品《1941：中国发现了世界》（*1421: The Year China Discovered the World*）中断言：郑和的寻宝船是哥伦布帆船的 5 倍大，1421 年从南京出发，1422 年到达了美洲，比哥伦布早了 70 年。此外，他还认为，郑和穿过北极比麦哲伦早了 100 年完成了环球之旅。许多汉学家认为该书近乎虚构，没有可靠的史料支持各种结论。

儿阿瓦罗·德·萨维德拉（Álvaro de Saavedra），由其率领。这支远征舰队于1528年3月27日出海，在新几内亚迷航后，从好望角无功折返回了西班牙。

1541年，当时的新西班牙总督（任期1535—1550年）安东尼奥·德·门多萨（Antonio de Mendoza，1490—1552年）委派鲁伊·洛佩斯·德·比利亚洛沃斯（Ruy López de Villalobos）率领远征军舰队前往印度洋寻找新的商贸航线。1542年，这支由4艘舰艇370名船员组成的舰队从墨西哥巴拉德纳维达（Barra de Navidad，位于哈利斯科州的西海岸）出发。舰队次年抵达吕宋岛（Luzón）南岸，接着到达临近的撒马岛（Samar）和莱特岛（Leyte），这两个岛屿都属于麦哲伦命名的圣拉萨罗群岛（San Lázaro）。洛佩斯·德·比利亚洛沃斯将这些岛屿重新命名，取名为菲律宾（Filipinas）以纪念王储。这些西方探险者们在当地遇到了当地土著人的敌意，船员们缺乏食物、饥饿不堪，又在航行中失去了一只舰艇，于是他们只好离开了菲律宾并匆匆结束了这次探险。当他们回程试图逗留在马六甲海峡时，却不料被葡萄牙人俘虏。1544年比利亚洛沃斯在葡萄牙人的狱中死去；其余的海员得以出逃并回到了新西班牙，这就是历史上著名的"返程归来"（torna vuelta）事件。这次事件以及葡萄牙的威胁迫使西班牙当局在之后的数年内停止了类似的海外航行。

1557年继位的费利佩二世于1564年下令新总督路易斯·德·贝拉斯科（Luis de Velasco，1511—1554年）武装另一支舰队去征服菲律宾，当时的菲律宾根据西葡双方对《托德西利亚斯条约》（*Tratado de Tordesillas*）的不同解读属于双方争议领土。这次占领菲律宾的新行动，目的仍然是获取香料并营救比利亚洛沃斯之行可能的幸存者。总督将这次行动的领导权交给了一位从来没有过海上经历的贵族——米格尔·洛佩斯·德·莱加斯皮（Miguel López de Legazpi，1502—1572 年）。当年 7 月总督去世，墨西哥辖区的临时总督接管了这次行动。1564 年 11 月 21 日，由 5 艘舰艇组成的舰队从巴拉德纳维达出发，舰长为莱加斯皮的叔叔——一位经验丰富的老海员安德烈斯·德·乌达内塔（Andrés de Urdaneta）。

西班牙人最终占领了关岛和菲律宾的主要岛屿（包括莱特岛、棉兰老岛、内格罗斯岛和宿务岛）。1569 年，费利佩二世任命莱加斯皮为正式总督和总统帅。后者于 1571 年建立了菲律宾群岛的首都马尼拉，并将它作为西班牙政府在远东地区的固定基地。

由于土著塔加洛人的强烈抵制，莱加斯皮任命殖民者们为重要官员，让奥古斯丁派教士负责宣扬福音，并且在华裔的帮助下扩展和亚洲大陆其他地区的贸易关系。1572 年，马尼拉的创建者死于中风（医学称脑卒中）。他和比利亚洛沃斯的远征实际上完成了哥伦布 1492 年未竟的目标：通过跨大西洋的新航道到达中国以及东方其他一些盛产香料的地区。

菲律宾群岛很快成为新西班牙辖区的领地，并通过马尼拉大帆船给新西班牙提供价值连城的商品：各种来自中国、日本、印度、锡兰、柬埔寨和马鲁古群岛的原料。一些东方地区出现了用于出口的完整的生产线，专门用于生产出口至太平洋彼岸的产品，一起出口的还有大米、辣椒、芒果以及其他产品。与此同时，亚洲进口可可、玉米、豆子、金银以及墨西哥造币厂铸造的厚重的银币。

中国和西方的史料都显示中国文化和拉丁美洲文化最早的直接接触发

生在16世纪末明朝万历年间，这种接触一直持续到1815年。在这两个半世纪内，有五六千商人、手工匠人、海员以及中国劳工通过海上丝绸之路乘坐大帆船穿越太平洋在墨西哥上岸。中国和墨西哥之间经由菲律宾的通商活动就是这样展开的。这些所谓的“马尼拉中国人”从墨西哥再次辗转，通过不同的交通方式转往其他拉丁美洲国家，包括秘鲁。他们带去了丝绸织物、瓷器、手工艺品以及其他中国商品，与此同时也传播了中国的传统和文化。当他们从拉丁美洲返回亚洲时，马尼拉大帆船给中国带回了墨西哥的玉米、土豆、西红柿、花生、红薯以及烟草等，这种往来促进了金融业的发展、食物的多样化以及拉丁美洲和中国之间的文化和商品交换。

第一艘到达阿卡普尔科的中国海船叫“圣保罗号”，于1565年10月8日到岸。从马尼拉出发前往菲律宾的最后一艘海船叫“麦哲伦号”，1815年出发前往菲律宾，这次航程标志着海上丝绸之路由于墨西哥和拉丁美洲其他国家独立战争的爆发而中止了。1565—1815年在马尼拉和阿卡普尔科之间来往的大船被称为马尼拉大帆船、中国海船或者丝绸商船。在阿尔普尔科的码头往往囤积了大量美洲和欧洲的商品准备发往菲律宾首都。通过这种方式，太平洋两岸的东方国家和西班牙以及欧洲大陆的其他国家保持了密切的经济、政治、社会和文化关系。西方文化也就此加强了和东方文化的联系，同时也为全球盈利贸易的构建奠定了基础，这可以被认为是我们今天称之为全球化的遥远的前身。

有史料记载说，亚洲人在西班牙语美洲留下的最早记录始于殖民时代，即从16世纪中期开始。几个世纪以来，由于跨太平洋双边关系的不断发展，许多华裔菲律宾人在新西班牙和秘鲁的总督辖区定居下来。到16

世纪末已经有相当数量的华裔菲律宾人在墨西哥生活，1635年就有一些华人经营的理发店。他们中的许多人1603年参加了利马的石桥建设。据统计，1613年有38位中国人在利马城生活。

到达阿尔普尔科的亚洲商品被输往西班牙帝国在美洲和欧洲的其他地区。要将它们运往欧洲，就必须从陆地运抵大西洋的韦拉克鲁斯港口（Veracruz）。马尼拉大帆船开辟出的海上通道也叫“亚洲之路”，而连接了阿尔普尔科和韦拉克鲁斯长达三个世纪的“总督之路”也从这儿诞生。亚洲商品源源不断地被从韦拉克鲁斯港转运往古巴、波多黎各、塞维利亚和加的斯。中国的丝绸和瓷器以及东方印度的香料和珍贵木材同样沿着这条通道输送。这些商品包括来自马鲁古群岛、孟加拉、日本、暹罗、婆罗洲、帝汶岛、苏门答腊和爪哇的珍母贝、海龟、钻石、樟脑、蜡、沉香木以及檀香木。

我们应该注意其中的三个数据：一个是语言学上的；一个是文学方面的；还有一个是轶事传闻。

（1）17世纪，中国的文字“茶”（cha）（广东和北京方言）以及“té”（厦门方言）分别永久地进入了葡萄牙语和西班牙语，虽然也有证据显示17世纪中叶茶的广东话方言也曾经进入过西班牙语，当时“china”（有许多不同的含义[①]）和“tifón”（台风的意思）已经在西班牙语里广为使用了。

---

① 西班牙皇家语言学院的第一部字典，也就是《权威词典》（*Diccionario de Autoridades*）（1726年）记录了“te”这个词，并将它放在“the”的词条下，解释说“也称之为cha”。而“china”的记录解释为：1）来源于中国的织物或者根茎[类似于zarzaparrilla（沙士）]；2）来自中国的精致碗碟（从1550年开始有相关记载）。

（2）在墨西哥作家卡洛斯·德·锡古恩萨·贡戈拉（Carlos de Sigüenza y Góngora）的作品《阿伦索·拉米雷斯的不幸遭遇》（*Infortunios de Alonso Ramírez*）（1690 年）中，读者就能读到关于菲律宾华裔弗朗西斯科·德·拉克鲁斯（Francisco de la Cruz）和安东尼奥·冈萨雷斯（Antonio González）的描述。

（3）洪堡（1769—1859 年）留下文字证明自己曾经于 18 世纪末和 19 世纪初在墨西哥和古巴见过华裔居民，当时在秘鲁的华裔数量也并不显著，而且大部分人都冠上了西班牙语或者西语化的姓氏。

墨西哥独立战争的爆发迫使商人们避开了阿尔普尔科而通过圣布拉斯（San Blas）港口继续贸易。最后几次中国以及远东其他地区的商品展销会也在圣布拉斯举行。1815 年 3 月“麦哲伦号”海船从墨西哥海岸边扬帆起航前往马尼拉，这次旅行正式宣告了新西班牙和远东之间的通过马尼拉大帆船的海上贸易终结。后世的资料显示，在此之后，虽然贸易量减少，但是实际上仍然有交易进行，不过是打着其他名目的旗号，而且也不再使用大帆船，而采用其他更现代更有效的交通方式。也就是说，随着墨西哥的独立，马尼拉大帆船的海上历史使命终结了，但是跨太平洋两岸的商贸和文化关系仍然继续中。

19 世纪到达拉丁美洲和加勒比的中国人

早在 19 世纪初，英国和葡萄牙殖民者们开始了将中国苦力运送往拉丁美洲和加勒比的贸易。继 16 世纪到 18 世纪的菲律宾华裔和中国大陆移民前往墨西哥和拉丁美洲其他国家和地区之后，1806 年第一批 147 名[①]中国苦力抵达英属特立尼达。从 1808 年至 1810 年，有几百名来自湖北的茶农和葡萄牙人签约前往巴西圣保罗种植茶叶。1840—1870 年，有 300—400 名中国工人前往拉丁美洲的各个国家。尽管 19 世纪 70 年代苦力贸易是禁止的，中国短工依然源源不断地被输入拉丁美洲和加勒比，他们中的一部分人在古巴、英属、荷属以及法属殖民地的甘蔗种植园里劳作，还有一部分在秘鲁的甘蔗园、棉花地以及海岛上干活，还有的去了巴拿马、墨西哥、智利和美洲其他地区参与基础设施建设。这些华工出生在当地的下一代被称为“土生华裔”（tusans），成百上千的华工以及他们的后代们参与了巴拿马运河的建设。他们劳作在拉丁美洲的甘蔗、咖啡和棉花种植园中，虽然遭受种族歧视，却为美洲以及加勒比岛屿的经济发展、国内建设、社会进步以及国家繁荣做出了重要贡献。中国移民在智利的硝石矿、秘鲁的海鸟粪基地以及巴拿马、秘鲁和墨西哥的铁路建设中的贡献不可磨灭。此外，中国移民和他们的后代们还在美洲传播了中国的古老传统、风俗、文化和哲学。他们教会拉美人民如何种植许多作物，其中就包括大米和茶叶。中草药在古巴、秘鲁和拉美其他国家都享有盛誉。在古巴，他们和当地人民肩并肩为了古巴独立而战。在秘鲁，他们极大地促进了当地的

---

① 《泛西班牙语释疑辞典》（*El Diccionario panhispánico de dudas*）（2005 年版）有如下记载：“culi 或者 culí。发音来自英文 coolie, 来源于印度和中国劳工的白人殖民者给他们的劳工或者仆人起的名称，后来，统一用来指称来自东方的工人，西班牙语发音由英文而来，可以带重音也可以不带，二者都是正确的。不带重音的 culi 反映了英文的原发音；带重音的 culí 来自法语发音，在美洲广泛使用。”

农业、矿业和商业发展。

20 世纪的中拉关系

1949 年中华人民共和国成立时，拉丁美洲的主要国家大多已和台湾当局建交。为此，北京方面积极展开了民间外交，和拉丁美洲各国建立非政府间的友谊以发展文化和经济交流，目的是以此渐渐开始正式的政府间的外交关系。1949—1959 年，中国和这些国家间的文化交流活动非常活跃，大约有来自 19 个拉丁美洲国家的 1200 位文化艺术名人访问了中国。诗人巴勃罗·聂鲁达（Pablo Neruda）、画家何塞·万徒勒里（José Ventureli）和社会主义者萨尔瓦多·阿连德（Salvador Allende）从智利不远万里到中国；壁画家迭戈·里维拉（Diego Rivera）和拉萨罗·卡德纳斯将军（Lázaro Cárdenas）从墨西哥到中国。到访的还包括巴西作家若热·亚马多（Jorge Amado）、古巴诗人尼古拉斯·纪廉（Nicolás Guillén）等等拉丁美洲作家和艺术家。与此同时，中方也派出许多文化和艺术代表团前往拉丁美洲。在拉美一些国家成立了中国文化协会或者和中华人民共和国友好交往的民间组织，如 1952 年 10 月 1 日成立了智利—中国文化协会，1953 年成立了墨西哥—中国友好协会，等等。继和拉美的文化联系之后，中国对拉美加强了商业、经济和艺术方面的交流，旨在最终和拉美各国建立外交关系。这些文化交流在中拉之间架起了友谊的桥梁，并为中拉外交关系的建立起到先遣队的作用。20 世纪末，中国已经和 21 个拉美国家建立了外交关系[①]。

近年来，中华人民共和国和大约 20 个拉美国家签署了文化交流协议，并且派出过许多政府文化代表团、艺术团体、体育团队，以及作家和艺术家访问团；在许多拉美国家举办过中国电影周，中国文化周，历史、绘画、手工艺品、摄影以及邮品展，这些活动广受拉美民众好评。同时，拉丁美洲国家也向中国派出过许多的政府代表团以及艺术团体，同样在中国受到热烈欢迎。中国和拉美在纸质媒体、广播、电视、电影、历史文物以及博物馆藏方面展开了广泛的合作。从 20 世纪 60 年代初开始，古巴为中国培训了成百名的干部以及西班牙语翻译；从 70 年代中期起，墨西哥也为中国培养了数百名干部和西语翻译。另外一些拉美国家，如阿根廷、巴西、智利、哥伦比亚、秘鲁、委内瑞拉和厄瓜多尔等国，也为中国提供过许多的西班牙语专家。中国的翻译家们在近半个世纪内将许多拉美著名作品翻译并介绍到中国，这些翻译作品帮助中国读者更好地了解拉美的文学、历史和社会。

19 世纪和 20 世纪中国、墨西哥和美国之间的关系

从 19 世纪 70 年代起，墨西哥开始引进中国苦力。根据国家档案馆中关于在墨外国人口记录资料，第一批中国劳工于 1875 年到达墨西哥。当

① 徐世澄：《中国的拉丁美洲的文化：特色、历史纽带和相互影响》，http://biblio.juridicas.unam.mx/libros/6/2702/5.pdf，2013 年 10 月 23 日查阅。

时，美国商人负责美国埃尔帕索铁路的修建，许多来自美国加利福尼亚州（简称加州）的华人苦力参与了铁路建设。

1899 年 12 月 14 日，清政府驻美国全权代表伍廷芳和墨西哥驻美国全权代表曼努埃尔·德·阿斯毕若斯（Manuel de Aspiroz）在华盛顿正式签署了中墨友谊、贸易和航海条约。这个条约的签署标志着中墨两国外交关系的开端。

中墨两国建交后，中国向墨西哥输出的移民数量显著增多，到 1904 年人数已经达到 8000。30 年代初期，在墨西哥大约有 4 万名华人。由于某些原因，墨西哥没有在 1949 年和中华人民共和国建交，而是等到了 1972 年；尽管如此，两国非正式的民间交流一直未间断过。

墨西哥总统路易斯·埃切维里亚（Luis Echeverría）很重视和中国发展友好关系，并且积极主动地促进双边关系的发展。1971 年，埃切维里亚总统在联合国第 26 届代表大会上强调道："中国的主权和领土完整是不可分割的。"墨西哥投票赞成恢复中华人民共和国在联合国的合法席位，而不是由台湾当局代表中国。1971 年 10 月 25 日，中国恢复了在联合国的合法席位，当晚，墨西哥外长发表声明承认中华人民共和国是中国的唯一合法代表。同年 11 月 16 日，墨西哥政府同台湾当局断绝外交关系。1972 年 2 月 14 日，中华人民共和国驻联合国代表黄华在纽约和墨西哥驻联合国代表签署了中墨建交公告。

中墨双边外交开启不久之后，墨西哥总统埃切维里亚于 1973 年 4 月率领一个庞大的代表团对中国进行国事访问。墨西哥代表团的来访受到了中国政府以及人民的热烈欢迎。毛泽东主席和埃切维里亚总统举行了友好的会晤，周恩来和墨西哥总统举行了5场会谈，并且陪同他参观了中国内地多个地区与城市。同时，双方也签署了许多商贸协议。

继埃切维里亚总统之后，墨西哥的历任总统都访问过中国，包括何塞·洛佩斯·波蒂略（José López Portillo）（1978年）、米格尔·德拉马德里·乌尔塔多（Miguel de la Madrid Hurtado）（1986年）、卡洛斯·萨利纳斯·德·格尔达里（Carlos Salinas de Gortari）（1993年）、埃内斯托·塞迪略（Ernesto Zedillo）（1996年）、比森特·福克斯·克萨达（Vicente Fox Quesada）（2001年，两次）、费利佩·卡尔德龙·伊诺霍萨（Felipe Calderón Hinojosa）（2008年）和恩里克·培尼亚·涅托（Enrique Peña Nieto）（2013年）。同时，中国领导人也应墨方邀请对墨西哥进行了频繁的国事访问。1981年10月，时任中国总理参加完在坎昆举行的南北峰会后对墨西哥进行了正式访问，这是历史上中国政府首脑首次访问墨西哥。1990年5月，杨尚昆主席对墨西哥进行了国事访问。1997年11月30日至12月3日，江泽民主席访问了墨西哥并签署了5项双边协议，内容涉及延长双边外交和因公签证、体育合作、学术交流以及现代农业一体化开发。

21世纪的中拉关系

进入21世纪以来，中拉双方的文化交往发展迅猛。2000年9月，在墨西哥国家人类学博物馆里展出了来自西安的中国历代皇家文物。2000

年 9 月至 2001 年 1 月，在西安、广州、北京和上海等地也举办了墨西哥的玛雅文化展。这些仅仅是中墨双方文化交流对话加强的两个例子。2006 年 5 月，墨西哥应邀参加在北京举行的第 6 届文化节，举办了一系列和墨西哥文化相关的活动，其中包括如下展览："前殖民时期美洲豹""神的足迹""墨西哥油画：从战后到世纪末""墨西哥现代建筑""墨西哥当代陶器"等等。2006 年，在北京、上海和成都举办了墨西哥电影周。中方也数次派出艺术代表团参加在墨西哥瓜纳华托举行的塞万提斯国际艺术节①。

至于和南美方面的合作，包括 2004 年 5 月 25 日在中国著名学府北京大学成立了巴西研究中心。2006 年 4 月中国广播电视代表团访问巴西。2005 年 11 月，CCTV 在布宜诺斯艾利斯筹办了一台中国—阿根廷友好晚会。2005 年 7 月，玻利维亚文化部举办了"中国文化周"。2006 年 2 月，一支由中国大学领导组成的代表团参加了在古巴哈瓦那举行的第 5 届国际高等教育论坛，随后，该代表团访问了哥伦比亚等其他国家。古巴举办过数次"中国电影周"以及中国文化节。2006 年 4 月至 9 月，中国国家博物馆举办了印加文化展。2004 年，中国社科院院长带队访问了古巴。中古双方的艺术家举办过两次双边艺术会谈。近年来，中国社科院的其他代表团访问了巴西、阿根廷、委内瑞拉、智利和墨西哥。

2006 年 2 月 14 日，中墨双方签署了关于在墨西哥国立自治大学、瓜达拉哈拉大学和尤卡坦自治大学设立孔子学院的意向书。随后，2006 年 2

---

① 徐世澄：《中国的拉丁美洲的文化：特色、历史纽带和相互影响》，http://biblio.juridicas.unam.mx/libros/6/2702/5.pdf，2013 年 10 月 23 日查阅。

月15日在墨西哥城设立了墨西哥首家孔子学院[①]。2006年8月和11月，陆续有更多的墨西哥大学和中方签署了开设孔子学院的协议。文化关系的其他方面还包括武术或者功夫、中国针灸；近年在拉美许多国家都兴起了学习中文和了解中国的热潮。

2004年11月12日，时任中国国家主席胡锦涛在巴西国会发表题为《携手共创中拉友好新局面》的重要演讲，在演讲中胡主席将文化交流定为中国政府的三项重要发展目标之一。胡主席说道：

> 政治上相互支持，成为可信赖的全天候朋友。……经济上优势互补，成为在新的起点上互利共赢的合作伙伴。……文化上密切交流，成为不同文明积极对话的典范。……

21世纪中墨外交关系

进入21世纪以来，中墨双边关系整体发展稳定推进。2003年12月温家宝总理访问期间，中墨双方正式宣布建立战略伙伴关系，这标志着双边关系发展的新阶段。

目前，墨西哥是中国在拉美最主要的贸易伙伴之一，双方经贸关系发

---

① 孔子学院是中华人民共和国在世界各地开设的文化机构，在全世界88个国家约有280家孔子学院。其中秘鲁有4家：在天主教大学、在利马的里卡多·帕尔玛大学，在毕乌拉大学和在阿雷基帕的圣玛丽亚天主教大学。

展迅速。墨西哥是中国在拉美地区的第三大投资国。至2005年底，中国在墨西哥有49家企业。在拉美国家中，墨西哥和中国的文化交往是最多的。2003年，双方举行了中国政府和墨西哥政府文化教育合作混委会第八次会议并签署了“2003—2006年度文化教育合作执行计划”。2006年2月，国务委员陈至立访问墨西哥期间，两国签署了在墨西哥国立自治大学、新莱昂自治大学、瓜达拉哈拉大学和尤卡坦自治大学建立孔子学院的谅解备忘录。

根据中国海关2005年的统计数据，双边经贸往来数额达到77.6亿美元，其中中国向墨西哥的出口占55.4亿美元而进口占22.2亿美元；墨西哥对中国的贸易逆差是33.2亿美元。根据墨西哥方面的数据，双边贸易量是187.64亿美元，其中中国对墨出口占176.3亿美元而进口是11.34亿美元，墨西哥贸易逆差达到164.96亿美元[①]。2014年，中国国家主席习近平访问墨西哥，在三天的时间内参观了奇琴伊察，在总统府和总统培尼亚·涅托进行会谈并签署了加强双方商业交流、投资和旅游的协议。

① 徐世澄：《中国的拉丁美洲的文化：特色、历史纽带和相互影响》，http://biblio.juridicas.unam.mx/libros/6/2702/5.pdf，2013年10月23日查阅。

墨西哥华裔移民

来自中国南方的移民

在前文中提过，美洲有史料记载的最早的中国移民应该是 1565—1815 年定居在墨西哥阿尔普尔科的菲律宾华裔。第二波到墨西哥的，尤其是到美墨边境的中国移民潮发生在 1876 年至总统波菲里奥·迪亚斯（Porfirio Díaz）第一次当政不久之后。1871 年，从中国移民至墨西哥的事项又再次被提上了议程。3 年之后，墨西哥政府对于加强和中国商贸往来兴趣大增，希望通过条约来巩固一个花费墨西哥银币的广阔市场。尽管 1882 年墨西哥通过排华法案禁止华工进入该国，但是 1899 年当墨西哥政治家和金融家们意识到从美国来的华工能给墨西哥带来巨大的收益之后，中墨友好、商贸和航运条约应运而生。

1899 年 12 月 14 日《中墨条约》是由双方国家的使馆人员在美国华盛顿签署的：墨方代表是曼努埃尔·阿斯皮罗斯（Manuel Azpiroz），中方代表是伍廷芳。该条约包括 20 项条款，由三种不同文字撰写：西班牙文、中文和英文。该条约规定，中墨双方的居民在不危害对方国家安全且遵守各项条约法规的条件下，可以在双方国家自由往来、定居。其中第五条规定说中国移民可以自由且自愿地进入墨西哥，可以只身进入，也可以携带家人。该条约直到阿尔瓦罗·奥夫雷贡（Álvaro Obregón，1880—1928 年）总统上台的第二年（1921 年）才被修改。奥夫雷贡总统照会他的国务卿要求禁止中国移民进入墨西哥，除了携带投资的中国商人之外其他的中国移民不得进入墨西哥，而投资的中国商人如果以团体形式进入墨西哥的话，团队人数不得超过 10 人。这一法令改变了进入墨西哥的中国劳工和其他中国移民的各种状况。进入下加利福尼亚的中国移民要么希望由此进入美国，要么希望居留在墨西哥。在索诺拉州，中国移民促进了当地的商业发展，而且繁荣之势沿着国境线蔓延开来。这些中国移民作为供货商参与了当地的井矿以及铁路建设，其中一些小有资本的中国移民开设了进出口商贸行。许多中国人作为游商小贩给工人们提供各种小商品，他们提供的商品通常比外国厂矿商店里卖的同样商品价格低廉。小有积蓄之后，这些中国小商人就开起了固定的商店。在一些偏僻的山里，这些商人开设了分店，由他们的合作伙伴管理，借贷并出售商品给贫穷的同胞们。索诺拉州的中国商业资产阶级就是这么涌现的，这批人熬过了墨西哥革命并且从和美国的商业联系中获利。这种运作模式使得墨西哥北部的一些中国移民渐渐发家致富，并且在索诺拉州的各个角落开设了批发、餐馆、农业企业、鞋店和裁缝店（Hu, 1989）。

19 世纪末又掀起了一股中国移民潮，许多到达下加利福尼亚的中国人希望或进入美国境内或滞留在墨西哥。相当一部分人在墨西卡利城定居，尤其是在城市中心的一个地区，也因此在市中心形成了一个中国城。另外一些中国人前往恩塞纳达市的瓜达卢佩城。时至今日，许多下加利福尼亚和南下加利福尼亚华裔就是这批移民的后代。在锡那罗亚州、纳亚里特州、哈利斯科州、科利马州、塔毛利帕斯州、格雷罗州、埃尔奥罗城和普埃布拉州也都有类似情况发生。1911 年，到迪亚斯总统任期结束的时候，大约有 35 000 名中国移民在墨西哥定居。在墨西哥的其他地区，如墨西哥城，中国区继续壮大，并且在节庆的日子（如中国新年和墨西哥新年）频繁举行许多文化和美食节。有中国的天主教徒去瓜达卢佩大教堂朝圣，路上载歌载舞，既有墨西哥的音乐也有中国的传统音乐，同时还在墨西哥城举行中国儿童集体洗礼仪式。2008 年，大约有 10 700 名中国人居住在墨西哥，是 2001 年的 5 倍（Velázquez，2011）。

在墨西哥的中国移民，尤其是那些在下加利福尼亚定居的，大多来自中国南方的农村地区。他们在拉丁美洲面临着种族歧视，以及世界其他国家来的劳工的竞争，从事繁重的体力劳动去换取低廉的收入。下加利福尼亚见证了中国移民如何在一个充满敌意的环境里艰难前行。19 世纪末期来到墨西哥和美国的中国移民大都参与了铁路建设。成百上千来自广东和香港的中国人——大多数是男性——移民到北美促进了墨西哥和美国西南部铁路线的延伸。

20 世纪墨西哥的中国移民潮

一旦完成了铁路建设，美国当局就开始排斥华工，1904 年甚至颁布法令禁止华人进入北美。与此同时，墨西卡利城的农业发展起来了，需要大量的劳动力而当地人手严重不足。于是墨西哥政府于 1910—1920 年允许亚洲人在墨西卡利工作，尽管当时政客和一般民众反华情绪严重。墨西哥历史上最严重的排华事件之一就发生在中国移民经济上开始富足不久之后。1917 年，在索诺拉的艾尔默西乐区有超过 300 名中国人被无理由逮捕（Rénique，2003）。他们中的许多人被殴打折磨，还有一些人被杀害，并且还被安上了一些莫须有的罪名——鸦片上瘾、聚赌成性、报复社会[①]。而反华情绪同时也波及许多和中国移民结婚的墨西哥妇女身上（Velázquez，2011）。随着时间的流逝，排华情绪慢慢降温。为抵制歧视和偏见做出最大努力的人士之一叫欧阳民（Eduardo Auyón），一位祖籍广东的知识分子，他在下加利福尼亚的墨西卡利定居了半个多世纪。他领头在墨西哥成立了中国促进太平洋联盟组织，至今仍然积极推动当地的中国组织和活动。具有讽刺意味的是，许多墨西哥反华人士都喜欢墨西哥的一种叫 piñata 的手工艺品。 而他们所不知道的是，这种工艺品最初来源于中国，从意大利传入了西班牙，之后又从西班牙进入墨西哥。在墨西哥，人们在圣诞假期或者儿童过生日的时候击打 piñata。这种手工艺体现了一种多文化的传统习俗，现在已经延伸至全世界的不同地区。这种古老的中国传统由马可·波罗带到意大利；意大利的僧侣们又将它传播到了伊比利亚半岛和新西班牙，它在当地扎根，并将基督教传统和阿兹特克文化相融合

---

① 1929 年，墨西哥排华势头日渐高涨：华裔男性被禁止娶墨西哥女性，华裔遭受来自官员的各种骚扰，民众也加入了反华热潮。1931 年，索诺拉州的许多华裔被迫以低于市场价许多的价格出售自己的资产，然后离开这座城市迁往其他地区或者前往美国，尽管美国当时也在排华。这些华商建立的商业基础设施很快被墨西哥人占有。

而成为今天墨西哥最常见的风俗之一。而在中国，piñata 的风俗是在春节期间，人们用纸扎一个公牛，将它表面装饰上五颜六色的彩纸并挂上各种各样的农具。公牛身上的色彩象征着将要开始的一年的农事状况。纸牛的肚子里填充上五种种子，当皇帝用五彩的棒子击打纸牛的时候，种子就纷纷掉落。这个仪式传入欧洲后被赋予了宗教的意味。最初人们在四旬期的时候举行这个仪式，欧洲四旬期的时间跟中国春节差不多。

1895—2010 年进入墨西哥的中国移民数量见表 1。

表 1　中国移民数量统计

年份	中国移民数量 / 人
1895	1 026
1900	2 660
1910	13 203
1921	14 472
1930	18 965
1940	4 856
1950	5 124
1960	5 085
1970	1 847
1980	1 396
1990	1 161
2000	2 001
2010	6 655

资料来源：墨西哥 2009 年历史数据以及 2010 年人口和住宅调查数据。

1926 年墨西哥中国移民的分布情况见表 2。

表 2　1926 年墨西哥中国移民的分布情况

地区	数量 / 人
Aguascalientes	31
Baja California	5 889
Campeche	108
Coahuila	707
Colima	43
Chiapas	1 261
Chihuahua	1 037
Distrito Federal	1 062
Durango	197
Guanajuato	37
Guerrero	7
Hidalgo	98
Jalisco	3 192
México	78
Michoacán	8
Morelos	9
Nayarit	164
Nuevo León	216
Oaxaca	254
Puebla	22
Querétaro	1
Quintana Roo	2
San Luis Potosí	288
Sinaloa	2 019
Sonora	3 758
Tabasco	67
Tamaulipas	2 916
Tlaxcala	—

（续表）

地区	数量 / 人
Veracruz	1 908
Yucatán	1 726
Zacatecas	113
总计	24 218[①]

资料来源：Landa y Piña，1930，pp. 38–39。

20 世纪 20 年代中期，尽管新措施和政策直接影响着中国移民数量，仍有许多广东来的移民在墨西哥定居。中国移民们从事农事，致力于改造墨西卡利谷地使之能够适合种植棉花。大多数移民在港口城市附近定居，下加利福尼亚北部有全国规模最大、组织最有序的中国城。

墨西卡利谷地及其农业

1903—1905 年，随着科罗拉多河三角洲的农业大发展，早期的定居者们认为应该将因佩里亚尔和墨西卡利谷地都包括进农业发展区域，因佩里亚尔是美国领土而墨西卡利位于墨西哥境内。在 20 世纪的第一个十年，整片谷地的人口仅仅在 1500—2000 之间，大部分都是加利福尼亚发展公司雇用的员工。随着科罗拉多河的水源引水工程的进展，短短的四年内整个地区都住上人了。三角洲的土质由泥土、黏土、沙子和以上成分的不同程度的混

① 原书如此，应为 27 218。——编者著

合土构成，这种土质非常适合农业种植。但是，为了让棉花种植成为经济收益最高的作物，美国科罗拉多河土地公司的分包商们引进了拖拉机，并且将树木都推倒烧焦来整理土地。为了灌溉的方便，还修建了沟渠、运河和引水渠。短短几年内，在中国移民的辛勤劳作下，墨西卡利沙漠变成了肥沃的谷地，并于 20 世纪 20 年代成为全国最重要的棉花种植中心。

根据下加利福尼亚地区 1921 年人口普查结果显示，该地区 23 537 人中 4550 人是外国人，外国人中有 2789 人是中国人。到了 1926 年，墨西卡利地区居住着 5795 名中国人，但是根据该地区的编年史家佩德罗·佩雷斯·伊·拉米雷斯（Pedro F. Pérez y Ramírez）的记载，墨西卡利的中国人超过 1 万，在 1.1 万—1.2 万之间。同年，墨西哥移民局在全国范围内登记的中国移民数是 24 218，其中下加利福尼亚有 5889 人。

1933—1941 年墨西哥移民局的统计（表 3）显示，中国移民的数量在不断增多，他们都来自中国南方地区。

表 3　下加利福尼亚登记的中国移民出生地及数量（1933—1941 年）

出生地	数量 / 人
Boysan, Cantón	588
Cantón, China	17
Chong, Cantón	1
Chung Ehar, Cantón	67
Chung Shan, Cantón	81
Chon San	421
Co Yo, Cantón	1
Foy Sang, Cantón	2
Him Ping, Cantón	3

（续表）

出生地	数量 / 人
Hong Kong	69
Hong Kong, Cantón	13
Hony Hin, Cantón	7
Hoy Hing, Cantón	5
Hoy Kan, Cantón	8
Hoy Pen, Cantón	20
Hoy Pin	31
s/d	38
总计	1372

资料来源：AGN，墨西哥。外国移民登记处，下加利福尼亚部分。

根据这些中国移民从事的生产活动，可以将他们的定居过程分为三个阶段：第一阶段是 1899—1920 年，进入的中国人主要是科罗拉多河土地公司雇用的农民和分包商；第二阶段是 1921—1930 年，是中国移民在下加利福尼亚北部定居的时间，这一时期来的主要是商人和他们的雇员；最后一个阶段是 1931—1945 年，这一时期的中国移民主要是小商业主和小作坊的雇员，这一时期许多移民提交了入籍申请。

关于中国移民进入墨西哥的国际条约

中国和西方国家（包括墨西哥）签订的国际合约中并没有关于保护华工不受过度剥削的条款；相反，条约规定的是只能在当地劳工不足的地区引进华工。在下加利福尼亚，中国劳工大力推动了当地棉花种植的发展，并延伸了铁路线。

众所周知的是，1882 年的排华法案颁布之后，下加利福尼亚的边境地区对于想避免被驱逐出境的华工来说成了炙手可热的地区，因为他们可以从那儿重新进入美国境内。这些人中的大部分尽管有中国血统却对中国一无所知，因为他们属于出生在美国的第一代或者第二代移民，他们并不希望迁居中国，因此许多人被迫在下加利福尼亚地区居留。在这种情况下，对于被驱逐的华裔，尤其是加利福尼亚附近州府的华裔来说，墨西卡利谷地成了避免被迫离境的最佳选择。加入这波移民潮的还包括直接从中国移民来的劳工。

中国人进入下加利福尼亚的方式多种多样：有些人是从圣菲利普港口偷渡进入邦德拉斯地区（Espinoza，1932）；还有些人是由蛇头从圣迭戈或者旧金山接应后乘坐小舢舨在科罗拉多三角洲下船（Diesbach，1977）；另外有些人是乘坐加州高尔夫航运公司的船到达科罗拉多河的埃尔马约尔港口（Vivanco，1924）。这项服务是由开往墨西卡利谷地的开船人经营的；水上航线仅占整个人口流动方式的一部分，沿着下加利福尼亚地区边境进出的还有许多陆路和其他通道（Velázquez，2011）。

华工的涌入带来了商业的繁荣。涌现出了大量的非法运送劳工的网络，所有交易方都获得了巨额的利润，包括掮客、运输公司、移民官员、公共事务官员，以及雇用这些廉价劳工的公司（Velázquez，2011）。当时，有些华工签署了租赁土地或者开设小买卖的合约，华工的买卖活动就包括在恩塞纳达和其他金矿地区运送商品。墨西卡利地区迅速成为中国移民扎根的主要地区。

移民潮的不同阶段

根据中国移民定居后从事的经济活动来划分，移民潮可以分为三波[①]。第一波是 1899—1920 年入境的华人，主要是农民，包括两类人：一类是只能提供体力劳动的；另一类是具有一定经济能力并且能够组建公司，最后成为科罗拉多河土地公司的分包商，这些人雇用自己的同胞从事棉花种植（Velázquez，2011）。从美国来的华人主要是租赁土地种植棉花并且在当地从事商业活动，而从中国直接来的华工则从事墨西卡利谷地最繁重的农活。

这一地区的中国移民深知要想达到他们的经济目标，最可行的方式应该是结成合作社，这样大家可以互助互利。商业合作社以公共协约的方式协调，以所有人或者某些人的名义登记，大家都共同参与，享有一样的权利和义务，责任分明。

墨西哥北部的中国农场

墨西卡利谷地的整个农业生产活动都应该归功于华工。在最初阶段整理了土地并且为棉花种植做各种准备工作的都是华工；第二阶段，播种、照料并且收成的还是华工，同时他们还必须负责保持灌溉渠道的通畅。华人棉花种植规模日益扩大，以至于到 1922 年，根据人口统计结果显示，

① 原书将三波的内容分开介绍，为尊重原著，本书未做处理。——编者注

在墨西卡利谷地大约有 22 个中国人的农场，面积达到 36 456 公顷。就当时的产量而言，这相当于 50 000 包棉花的产出（Auyón，1991）。

科罗拉多河土地公司和华工的关系不仅仅是雇主和劳工的关系，同时也存在一种类似于分承包商的关系，就像“棉花大王”老九的例子。老九从美国来，带来了近 200 万美元的资本，他用这笔钱投资了一家日用品商店、两家中药店以及一个农场。而没有大笔资本的华工们则以合作社的形式联合起来，投资金额最大的时候也能达到 120 万比索，用于清理新地块以种植棉花（Velázquez，2011）。

中国华工和城市里的企业家们保持着商业联系，因此他们的产品能够直接商业化而无须其他投入；再加上他们节俭的生活方式，许多人都积累下一定的财富。一旦他们的经济状况有所改善后，许多人就从农村搬到了城市里从事工业、商业和服务业。

中国城

面对着华人经济活动的扩展以及逐渐多样化，墨西卡利当局选择了将华人的商业和居住区限制在一个靠近国境线的固定区域，这样便于政府统一管理。中国城的存在对于来到下加利福尼亚北部在城里定居的中国移民来说既实际又重要，因为中国社区最重要的经济、政治和社会活动都围绕中国城展开。中国城除了有最重要的商业活动之外，也是中国人娱乐休闲的去处——有两家剧院、三个茶馆，还有 28 个社团和组织覆盖了成员们的各种不同需求，比如说同姓本家社团、行业社团或者宗教组织，大部分都是区域性的，便于团员们开展活动。此外还有一家精神病院、一所学校和一些面向社区里的贫穷以及需要帮助的华人的互助中心。

华人组织

华人社区内部组织的中国总社团解决了华人内部的所有问题，华人的各种矛盾和冲突都可以在那里调解和解决。中国总社团的存在使得当地华人不习惯求助于地方政府机构，尽管如此，华人还是和当地政府保持着良好的关系，并且在公园和花园之类的公共工程项目上积极予以协助。而这些公共工程也是那个时期人们最主要的娱乐场所。

墨西哥北部的第二波和第三波移民潮

1921—1930 年的第二波移民潮正是中国移民在海外数量增长最快速的时期。这一时期，科罗拉多河土地公司及其分包商们招募了大量的华工来开垦新的土地。陆续加入这波移民潮的包括从墨西哥其他州被驱逐的华人以及受排华影响的华裔，后者从墨西哥南部迁来，来下加利福尼亚寻找不那么种族主义的地区定居①。中国社区的壮大带来了其生产活动的变化，在

① 损害华商利益的举措之一包括 1919 年政府强行规定，所有企业中墨西哥雇员数不得低于 80%。

不同的农业区里建起联系网之后，华人们开始能更专心地投入商业和小型工业的发展之中。

在墨西卡利地区，中国人将农业和商业紧密联系在一起，在短时间内推动了该地区的经济发展。和中国以及墨西哥商品打交道的商人和农民在瓜木齐（Guamúchil）、圣布拉斯（San Blas）、锡那罗亚（Sinaloa）、诺加莱斯（Nogales）以及索诺拉等地区建起了分部。华人商业活动的繁荣以这种方式渐渐满足了墨西卡利中国社区居民的需求，也给当地居民带去生活上的便利。华人社区在组团结社上的便利使他们在短时间内获益颇丰。在他们定居的不同地区，华人建起了经销网络，将货源中心地区的货物源源不断地运往远处；他们也推动并建起当时在该地区从来没有出现过的各种新兴服务业。此外，他们还建起自己的银行，以他们自己的银行信用机制运作。在这一时期，这些银行的主要客户大多是些农民。之后，银行活动的扩展程度足以和棉花种植的扩展相媲美。

第三波也是最后一波（1931—1945 年），下加利福尼亚正式注册的华裔人数相比之前的任何时期都要少。华裔移民中的许多都已经加入了墨西哥国籍，在当地成了家，并且也重新组织了各项经济活动。这一时期许多华裔从农村搬到了新兴的城市定居，1921 年登记的农村人口中华裔占 230 户，到了 1930 年农户和农村的华裔人口已经大大降低。1937 年以后，墨西卡利地区主要是一些公社土地；第二年之后许多地块、庄园以及田庄都改名归属公社了。华人向墨西哥的迁移在 20 世纪 50 年代停止了，主要原因是中华人民共和国的成立。

在下加利福尼亚地区定居的华人

在墨西哥北部一带定居的华人社区非常活跃。和其他外国移民社区不同的是，华人大力推动了本地区的农业和商业发展。他们的农业社团使他们很快成为科罗拉多河土地公司的分工头。其中最富裕的人自己组建公司，并通过自己的公司独立经营土地。他们将农村和城市活动结合起来；他们通过城里自己的商店售卖农业产品或者通过小摊贩分销出去。

在大约 15 年的时间内，他们大大改善了自己的经济地位。他们的节省以及组织生产企业的灵活和便利性使他们聚集了大量的资源，这些资源也让他们离开农村在城市永久定居，并且能在城里从事小商业活动。他们促进了当地商业上的多样化，最终推动了许多其他新兴的服务业活动，如洗衣房、咖啡馆、餐馆等。

华人们总是在不断拓展各种活动。当他们从农村来到城市后，很快就将重心从农业转到商业上，开发了商社、小商业以及服务业。有些人不再从事海上捕捞而转向农业种植活动，同时开办商店出售农产品和其他一些商品。之后，这些人又从农村到了城市，华人移民向城市迁移大规模展开，以至于有段时间都很难在农村找到华人，因为他们中许多人早就将资产投在了墨西卡利、蒂华纳（Tijuana）的城市地区，同时也包括恩塞纳达的一些中小城市。

华人社会的活跃很大程度上得益于他们的组团结社能力。区别于其他移民团体的是华人能够融入当地的最具有代表性的经济、政治和社会团体，因为这些华人在本社区内部找到了强有力的支持，支撑着他们融入客居的新社会。根据墨西哥人口局的统计，这个华人最初到达的拉美国家在 2013 年的总人口数是 116 901 761。以这个为参考基数，2008 年据估计这个国家的华人有 100 700 人，尽管比不上在加拿大定居的 60 万和美国的 160 万华裔。但是，目前正在墨西哥修建一座中国城以便利亚洲商人的来往，前期预计投资是 3.5 亿美元，其中包括一个带典型中国建筑特征的酒店、一个广场以及一个购物中心。同时还必须提到成千上万的有或多或少中国血统的墨西哥人，他们中的许多人在墨西哥担任重要政治职位。

在墨西哥定居的华人与世界其他地方的 2800 万华裔相比数量上并不大。但 2800 多万的华裔华侨中有 2400 万居住在亚洲，在拉丁美洲的中国人比整个欧洲、大洋洲和非洲的华裔加起来还要多。秘鲁外交部认为，在秘鲁大约有 200 万人有 100% 的或者其他不同百分比的中国血统。2005 年，有中国台湾媒体报道说秘鲁有 130 万华裔。巴西有大约 20 万、委内瑞拉有 5 万，而巴拉圭有 4 万华裔。阿根廷和巴拿马大约各有 3 万，紧接着是哥斯达黎加有 2 万。虽然厄瓜多尔、墨西哥、危地马拉、哥伦比亚、玻利维亚和智利等国家的华人从具体数字上看不如以上提到的国家，但这些国家的中国社区都有知名的商业和社会影响。

在拉丁美洲这个巨大的华裔网络中，尤其应该提到一个特别的地区：所谓的“三角边境”地带，地处阿根廷、巴拉圭和巴西的交界处。这个地区住着拉丁美洲很大一部分华裔，而且这一地区的华人比较活跃。巴西是拉丁美洲华人最多的国家，接近 20 万人，是整个非洲所有华裔数量总和的 2 倍。这些华人从事着各种各样的职业，也有些华裔后代加入军队。巴拉圭虽然华人不多，只有 4 万多，但是却成为华人定居的好地方，光在东方省就有 1 万多华人，还新近成立了中国信托银行（Chinatrust）。在西班牙语美洲的其他地区，比如说委内瑞拉，华人的数量达到 5 万多。而传说中秘鲁有 1/10 的人口有中国血统，这些华裔已经融入当地社会和经济包括政治生活中。秘鲁或许是整个拉丁美洲华裔最融入当地社会的国家。

美国华裔移民潮

从中国经由墨西哥进入美国

北美的第一波华裔移民潮发生在 1565—1815 年，也就是西班牙帝国还控制着菲律宾殖民地期间。中国人进入墨西哥时，这个国家的版图还包括俄勒冈州，从太平洋沿岸一直延伸到密西西比河。此外，掌管新西班牙（也就是墨西哥）的总督还控制着包括得克萨斯、新墨西哥以及加利福尼亚州的广大领土。从菲律宾来的华人就在这个时期踏上墨西哥领土，此前，他们已经乘坐马尼拉大帆船登上过墨西哥的港口了。历史学家们认为，在 18 世纪中叶已经有一些中国人生活在墨西哥的西部，也就是现在归属美国的那部分领土。有证据显示，英国商人约翰・米雷斯（John Meares）于 1788 年和 1789 年两次率领的从广东到温哥华岛的远航中，招募了数名中国籍的水手和工匠来到不列颠哥伦比亚省制造第一艘欧式海船（Brownstone，1988）。

新英格兰地区第一批中国商人、水手和学生

美利坚合众国独立之后继续和中国进行跨太平洋海上贸易，主要是通过广东的通商港口。和美国水手以及商人的接触让许多中国人兴奋异常，他们看到了美国人带来的机会，当时美中贸易通商的主要路径是从广东到新英格兰，于是，第一批中国人从合恩角（当时巴拿马运河还没有修建）进入新英格兰地区。这些中国移民主要包括商人、水手和学生，他们之前已经听说过关于美国的种种好评，想亲眼见识并了解这片遥远的土地。但是，他们在新英格兰地区的停留是短暂的，只有很少一部分人留下来定居。在中国的传教士们也给美国学校输送来了少量中国孩子。1818—1825 年，5 个孩子进入康涅狄格州的康沃尔的外国教会学校上学。1854 年，容闳获得了耶鲁大学学位，成为美国大学的第一位中国毕业生（Brownstone，1988）。

19 世纪华人向加利福尼亚州的迁移

1820 年前后出现了新一波的中国移民潮，这时中美之间的海上贸易也开始增长。这波新移民主要由男性商人和海员构成，一直持续到 1840 年。1848 年在加利福尼亚州（以下简称加州）淘金热期间，来了 325 个中国合同工；1849 年来了 323 个；1850 年来了 450 个；1852 年又来了 2 万中国人——最多的一天曾经有 2000 中国人同时涌入加州（Brownstone，1988）。

1851 年，加州大约有 2.5 万中国人；到 1888 年，加州的中国人数量达到了 30 万名：其中约 1/10 来自广东的 6 个地区。接着，更多中国劳工到达加州参与了第一条跨州铁路建设，也有许多人在美国内战后在南方的种植园里劳作，还有一些参与了加州的棉花种植和海上捕捞行业（Brownstone，1988；Nash，1973）。大拨的中国移民离开中国主要是因太平天国运动带来的破坏和贫穷。必须指出的是，最初的中国移民除了来自广东、福建、台湾、香港以及澳门这些沿海省份或地区之外，也有来自越南、马来西亚、印度尼西亚、缅甸、菲律宾和墨西哥的华人。

大部分的中国移民在家乡是农民或工匠。年轻的已婚男性通常将他们的妻儿留在中国，因为最初他们只打算在美国短暂逗留。妻子在中国用丈夫海外寄回来的钱承担着传统的照顾父母公婆、养育子女的责任。那时的中国，家庭、宗祠占有举足轻重的地位：许多地方连村子都有宗祠，如台山地区将所有的青年人都送往加州。加州于 1848 年开始淘金热，到 1882 年通过美国联邦法律禁止中国移民，这期间大约有 30 万中国人到达美国。这些华工通常比自己预想的逗留时间要长，还要忍受着排外以及其他种族对他们的敌意（Brownstone，1988）。

华工是乘坐太平洋邮轮以及东西蒸汽船运公司的船只到达的。他们的旅行费用主要来自亲戚朋友、宗祠以及商业高利贷商人的借款。此外，这些华工的雇主也会寄钱到他们在中国的代理处，以预支那些筹不到钱的华工的旅行费用。这个借贷制度意味着华工来到美国后将要用工资偿还这些事先预支的费用。这套借贷移民的制度已经被远渡南洋的华工用过了，南洋指的是在中国以南，包括今天的菲律宾、荷属东印度、马来西亚和婆罗洲、泰国、印度支那和缅甸。移民到澳大利亚的中国人也用过同一套借贷方式（Cohen，1984）。

最初的中国移民 90% 都是男性，都打算短期出国赚些钱然后回国娶妻成家。那些后来留在了美国的男性面临着找不到合适的中国妻子的问题，因为 1872 年以后美国不允许中国女性大规模迁入。因此，许多男性华人孑然一身无法成家；也因此，在美国的中国社区的人口出生率都很低。在那之后，因 1868 年美国宪法修正案的出台以及 1898 年美国最高法院对于黄金德一案的最终判决，在中国出生的华裔才被承认是美国公民。

美国内战中的华裔士兵

参与美国内战的华裔士兵时至今日也未被历史承认，因此人们并不知道有他们的参与，只有少数历史学专家知道。当时在美国生活的华裔美国人一共有 200 位左右，其中有 58 人参与了内战。由于他们过往的海上经历，他们中许多人都参与了美国海军。参战的华裔士兵只有一位是在美国出生的。其余的人都是以合约华工或者美国公民收养的孩子的方式远渡太平洋来到美国的，也有由传教士带入境的。他们中的许多人已不用中文名字。比方说，下士约瑟夫·皮尔斯（Joseph Pierce）就是由他的美国养父带来北美的，他参加过许多场重要战役，包括安提塔姆（Antietam）会战[①]和

① 安提塔姆会战（在南方的史书中也被称为沙普斯堡战役）是美国内战中最为血腥的一场会战，1862 年 9 月 17 日，发生在马里兰的安提塔姆周围。这场会战构成马里兰战役的一部分，一天之内造成了大约 2.3 万名士兵伤亡。

葛底斯堡（Gettysburg）战役[①]，葛底斯堡博物馆里还陈列着他的画像。至少5位华裔被确认参加过南方邦联军，其中克里斯托弗（Christopher）和斯蒂芬·邦克（Stephen Bunker）的父亲们是一对华裔双胞胎，他们在北加利福尼亚发迹，成了农场的奴隶主。因此也不难想象他们的儿子参加了南方军队。另一位华裔爱德华·戴·克霍达（Edward Day Cohota）也参加了美国内战，战后成了美国军队的常规士兵。但是，尽管在军队里服役了20年，他最终还是没有能够被允许加入美国籍。2008年亚裔国会议员麦克·宏达（Mike Honda）游说国会通过决议纪念亚裔美国人在美国内战中的贡献[②]。

早期的华裔移民大都保留了传统信仰：孔孟之道、对祖先的祭拜、佛教或者道教。相反，后来的一些华裔皈依了当地的各种宗教。早期皈依基督教的华裔数量很少，其中一些是在家乡时已经皈依了的，到19世纪，许多传教士在中国已经努力了数个世纪了。基督教传教士们也在美国的中国城里游说，但是他们的宗教宣传得到的回应寥寥无几。据信在1882年排华法案之前，大约有不到20%的华人接受了基督教。随后，20世纪中期的第一批移民潮涌入的华人经历了无法融入社会的困难，因为他们中只有很少的一小部分人会说英语（McCunn，1979）。此外，第一波的移民潮中只有很少数中国妇女来到美国，以至于1850年旧金山的中国城里有4018个男性华裔，只有7个女性；1855年，华裔女性只占整个美国华裔群

① 葛底斯堡战役持续了3天（从1863年7月1日到3日）；在宾夕法尼亚州葛底斯堡村周围爆发，属于葛底斯堡会战的最后阶段。联邦军战胜了联盟军取得了这场战役的胜利。

②“采访美国华裔研究专家卢森纳·鲁姆·马克康。历史学家讲述美籍华人在美国内战中的作用”。美国之音：http://www.voanews.com/content/surprise-asians-fought-in-the-us-civil-war-120282254/163158.html。

体的 2%，1890 年增加到 4.8%。女性缺乏的主要原因包括旅行的成本、美国亚裔女性工作的缺乏，以及艰苦的工作环境。此外，中国女性传统的职责是在家照顾孩子、亲属以及离家的丈夫家中的至亲。

那些能够来到美国的女性大多是商人的家眷。另外还有文化方面的原因，包括许多女性裹了小脚无法远行，以及安土重迁的心态。此外，大多数男性不愿意带上妻子，因为不希望她们也经历同样的种族暴力和歧视。

美国主要铁路的建设

19 世纪 60 年代，淘金热之后，大部分的华工签约加入修铁路的行列。中国劳工在修建美国第一条横穿大陆的铁路工程上立下汗马功劳，这条铁路连接着美国东部和太平洋沿岸的加州。这条铁路始建于 1863 年，从位于内布拉斯加的奥马哈和加州的萨克拉门托的两端修建起。这两段最终于 1869 年 5 月 10 日合并完工，在犹他州举行了著名的叫“金道钉”（golden spike）的纪念仪式。这条凝结着华工血汗的美国基础设施铁路成了美国重要的交通网络，促进了美国西岸的经济和社会的发展。这条铁路使得美国之前的马拉车成为历史，被现代的交通系统所取代。这条铁路的修建需要大量的人力，尤其是在平原和高山交叉的地带，这个大工程由太平洋联合公司以及中太平洋铁路公司负责，这两家私人企业在联邦政府的支持下分别负责往西和往东的部分。

修建的过程中因缺乏欧洲裔的工人，中太平洋铁路公司于 1865 年从银矿上雇用了大量华工，之后又直接从中国引进华工。使用华工的主意来自中太平洋铁路公司的经理查尔斯·克罗克（Charles Crocker），起初他很难说服他的合伙同伴们相信这些被称为“克罗克宠物”的体型瘦小的华工适合干重体力活。对于中太平洋铁路公司而言，雇用华工比雇用白人节省了三分之一的成本，因为不需要支付他们的饮食以及住宿费用。很不幸的是，这种工资上的巨大差异和不平等在那个时代很常见（Tataki，1998）。克罗克通过雇用华工从事大部分繁重而且危险的劳动，从而解决了劳动力以及资金不足的问题。为了实现他提前 7 年完成政府项目的狂热想法，他在铺路过程中将华工使用到了极致。

中太平洋铁路公司的主要路段是由华工完成的。尽管最初人们认为华工太瘦弱太虚弱无法胜任重体力活儿，但是当第一天亲眼看到了他们的效率之后，公司决定雇用所有在加州能够找到的华工。大部分华工当时是金矿矿工或从事服务业的工人，比如说洗衣或者餐饮，更多的人直接从中国被雇佣到铁路工地上。当时大部分铁路工人的工资是每天 1—3 美元不等，但是华工的劳动报酬要远低于这个数。这种明显的不公迫使华工宣布罢工，即使这样他们的工资也只增长了很小的一部分（Ong，1985）。规划的路线不仅要跨越河流和山谷，还要穿过两座主要的大山——内华达山脉和落基山脉，要在这两座山中间打通隧道，开山的火药夺走了许多华工的生命。由于工程的浩大，许多时候铁路的建设是在炎热无比的夏季或者严寒的冬季进行。工作条件是如此艰苦以至于时有整个营地都被雪崩埋没了的情况发生（Saxton，1966）。中太平洋铁路公司在萨克拉门托谷地的沿线取得了飞快的进展。但是工程随后就被延迟了，首先是遇到了内华达山脉的山峰以及冬季的暴风雪。因此，中太平洋铁路公司雇用了更多的工人（许多是华工），他们看起来更能忍受极端的气候条件，也由此铁路建设得以继续进行。由于需要开通隧道的压力日渐增大，修建铁路的进度也开始缓慢，为了解决这个问题，中太平洋铁路公司开始使用当时刚刚发明的极其危险的炸药爆破技术。这项技术加快了工程的进度，却造成华工的大量伤亡。被巨大的伤亡所震惊，中太平洋铁路公司开始使用威力稍小一些的炸药，并且发明了一种办法让负责炸药的华工能够在引信点燃后就迅速撤退到安全地带。

组织得力的华工在工程修建方面效率极高，在铁路完工之前，已有超过 1.1 万名华工参加了修建。虽然欧洲裔的白人工资更高、劳动条件更好，但是他们的人数从来没有超过 10%。华工没日没夜地干活，此外他们还和中太平洋铁路公司的官员一起管理着和他们工作相关的财务事项。雇用华工的中太平洋铁路公司的管理人员赞扬过华工的诚实可靠。1869 年以后，负责将铁路扩建到美国最西端的南太平洋铁路公司和西北太平洋铁路公司也雇用过许多华工，包括修建铁路先前路段的熟练工人们。修建完大铁路之后，许多华工从事其他行业，包括农业、制造业以及造纸业等。然而，白人的种族歧视以及暴力，包括起义和谋杀，使得许多华人自己单干。

美国的华人社会

1911 年前，在美国的华人社区中，只要是集体性质的组织，都由紧密的家庭网络、宗祠以及家族组织构成，在这些组织中人们有责任互相保护、互相帮助。最初的华人在旧金山定居后，他们中许多受尊敬的华裔商人成为当时中国社区里最重要的成员，他们努力成立了宗祠以及福利组织来帮助新来的移民们找到同乡、和同乡们交往、接受经济资助并且参与社区事务。最初这些组织只提供翻译、住宿以及帮助新移民找工作的服务。1849 年成立了第一个中国商会，但是没有持续太久，不到短短几年的时间就解散了。商会的功能随着移民的渐渐增多逐渐被一系列同乡会取代[①]。

随着时间的流逝，到 19 世纪 80 年代，最重要的一些地区协会逐渐合并为中华通惠协会（Asociación de Beneficencia China Consolidada），也叫中华六公所（Seis Compañías Chinas），因为最初是由六个协会合并而成的（Ji Hyun Lim，2003）。中华通惠协会最终成为不仅仅是旧金山市还包括整个加州代表华人的最重要的机构。在美国的其他地区以及城市，也成立了类似的机构。这些华人机构不仅协调华人内部矛盾，还参与旅馆业、信贷、健康、教育以及殡葬业。殡葬业对于华人社区意义至关重要，因为很大一部分的移民由于宗教文化原因，很看重落叶归根，希望埋葬或者将骨灰撒在祖国大地上。

诞生于旧金山市中国城的中华会馆，英文简写是 CCBA，很快就承担了民间非政府机构的职能，包括在暴力反华浪潮期间使用私人警察及保安保护华人社区。CCBA 捍卫美国华人社区华人的政治权益以及其他合法权益。在反华暴行发生后，中华会馆的地方分会数次将反华罪行控诉到地

① 1850—1925 年华人在加州。国会图书馆，美国回忆收藏。http://memory.loc.gov/ammem/award99/cubhtml/cichome.html。

方法院甚至高等法院以抵制歧视性立法和条款。他们也将本族裔的诉求诉诸媒体并且和美国地方政府以及中国外交机构合作联合保护华人权益。

1949—1980 年这个移民时期

1943 年的《麦诺森法案》(*Magnuson Act*)，也叫《排华法案》废止议案，是由华盛顿州参议员麦诺森提案通过的。这个法案，于 1943 年 12 月 17 日正式颁布，是自 1882 年排华法案以来首次允许中国移民的法案，它同时也批准让美国境内的华人居民正式成为合法美国公民。这是自 1790 年外国人入籍法之后颁布的第一个跟华人有关的入籍法案。《麦诺森法案》在第二次世界大战期间通过，当时中国是美国的盟国。但是，这个法案是有限制的，每年最多只能颁发 105 个签证，由美国政府根据 1924 年移民法在申请人中挑选，1924 年法案规定每个国家可以得到的签证配额不得超过该国在美国现居住人口的 2%。在这之后，1965 年移民和入籍法案的通过使得中国移民数开始增加。第二次世界大战期间以及战后，中国和美国联盟反对日本的扩张使得中国移民的严格限制有所放松。60 年代的移民改革重点是家庭团聚，因此也让许多在美华人的家属有了移民的优先权。

直到 1978 年，当美国政府承认中华人民共和国是中国的唯一合法政府时，台湾移民还享有和大陆移民一样的配额数，也就是说 1949—1977 年中国大陆移民数量很少。20 世纪 70 年代末，中国的对外开放政策以及美国和台湾当局的断交直接导致了美国和台湾关系的新法案，并且台湾被当成中国的一个地区，但是台湾移民仍然享有独立于中国之外的配额数。英国控制之下的香港地区在移民方面被美国政府认为是一个独立的地域，甚至到 1997 年香港回归中国之后，1990 年的移民法仍然适用于香港地区。

中国的穆斯林到了美国之后并没有融入美国的穆斯林社区而是住在华人社区里。最杰出的华裔穆斯林代表当数马鸿逵（Ma Hongkui）和其儿子马敦靖（Ma Dunjing），他们是中国国民党将领，先从大陆逃到台湾，之后移民到了洛杉矶。白先勇（Pai Hsien-yung）是另一位中国穆斯林移民，他也是先到了台湾，然后迁移到美国。他父亲是中国国民党将领白崇禧（Bai Chongxi）。

从 1965 年开始，中国大陆到美国的移民慢慢增多，因为美国政府将大陆、台湾和香港的移民数额分开了。20 世纪 60 年代末到 70 年代中期，美国的中国移民几乎全部来自台湾，他们构成了华裔美国人的主体，还有一小部分香港的大学本科生以及研究生，这段时间内基本上没有中国大陆的移民，直到 1977 年中国取消了大学生和职业人士的移民限制。新来的中国移民更倾向于居住在郊区而不是城市的唐人街里。

1980 年以后的中国移民潮

中国移民除了学生和职业人士之外，新的没有合法签证的移民劳工就像成千上万的拉丁美洲移民一样，成为非法居留的外国人。这些非法移民通常居住在人口高度集中的城市里，许多聚集在纽约城里，他们通常和受过高等教育的华人职业人士没有来往。这类非法移民的规模很难统计，通常每年也不一样，虽然可能人数相差也不大。20 世纪 80 年代，在中国（不包括港澳台）普遍有对于人才外流的忧虑，许多研究生留学之后不再回国。这种人才的大量流失在 1989 年后更加严重。但是，进入 21 世纪以来，情况开始发生变化，在美国获得高等学位的中国人回国人数越来越多，也给中国各行各业带来了大批高质量的人才（Pomfret，John，2000）。

对在美中国城的人口统计显示，从 20 世纪 90 年代起，来自中国大陆的移民数量渐渐超过了台湾和香港的移民数量。新来的中国大陆移民通常不加入既有的中美协会，而是组成了自己的文化、行业和社会协会，他们大力促进中美关系，许多中文学校教授简体字和拼音。许多台湾移民渐渐开始更加认同中华人民共和国。

从移民的最初时期开始，在美华人就面临着许多白人的种族主义。19 世纪 70 年代，一些中国城因此发生过屠杀以及被迫的迁移。从法律上说，华裔的待遇比其他少数族裔要更差。例如，中国矿工必须缴付特殊的税额，华工不被允许和白人妇女结婚并且也不允许获得美国国籍（Chinn，1969）。反华情绪也导致了 1885—1943 年中国人不被允许入境，直到 1943 年的《麦诺森法案》才废除了排华法案。但是，中国移民数量一直都很受限制，直到 1965 年美国颁布了移民和入籍法案，根据来源国限制移民入境配额的规定才得以废除。美国的华人社区是北美最大的海外华人社区，也是全世界第四大海外华人聚居区，前三位依次是泰国[①]、马来西亚[②]和秘鲁[③]的华人社区。美国华人社区是美国最大的亚裔社区，2010 年，华人约占美国亚裔的 25.9%。2010 年纯中国血统以及部分中国血统的美国人约占总人口数的 1.2%。根据当年的人口普查结果，华裔人口数大约是 380 万人，其中 50% 居住在加州和纽约（Hooper and Batalova，2015）。第二次世界大战之后，针对亚裔的歧视开始减弱，华裔和其他亚裔（日本、韩国、印度和越南裔）一样，开始适应美国并且慢慢发展起来。但是，许多出生在美国的华裔对于中国传统文化都所知不多，这种情况和美籍欧洲裔以及非裔类似，他们也大都对自己祖先的文化价值观所知甚少。

20 世纪 70 年代，大部分中国移民来自香港，其次是台湾，大陆移民数相对较少。80 年代，部分是因美国方面移民政策放宽，中国（不包括港澳台）的移民数比例迅速上升。广东话一直以来是中国移民使用最多的语言，也是美国的第三大语言。2010 年的人口普查显示，在美华裔人口数依旧在逐年上升，他们主要来自中国大陆以及台湾地区，也有小部分来自东南亚的华人，2012 年华裔人口数增加的数量超过了西裔或者拉丁裔（Pew Research Center，2013）。

作为本章的结尾，以下是一些在科技、建筑、文学、艺术、政府以及军队的杰出美籍华裔代表。

---

① 泰国有将近 6400 万人口，其中大约 75% 是泰人，14% 是华裔，3% 是马来人，其余为少数民族。

② 2007 年，马来西亚有 2660 万人口，其中 62% 是马来人或土著，24% 是华裔。

③ 秘鲁 2007 年人口调查结果显示，总人口数为 28 220 764。其中华裔约 600 万，占总人口数的 21%。

8 位美籍华裔诺贝尔奖得主

在科技领域做出杰出贡献的无数美籍华人中，有 8 位获得过诺贝尔奖：

1957 年，李政道（Tsung-Dao Lee）和杨振宁（Chen-Ning Yang），诺贝尔物理学奖。

1976 年，丁肇中（Samuel C. C. Ting），诺贝尔物理学奖。

1986 年，李远哲（Yuan T. Lee），诺贝尔化学奖。

1997 年，朱棣文（Steven Chu），诺贝尔物理学奖，他曾于 2009 年担任美国能源部部长。

1998 年，崔琦（Daniel Chee Tsui），诺贝尔物理学奖。

2008 年，钱永健（Roger Y. Tsien），诺贝尔化学奖。

2009 年，高锟（Charles K. Kao），诺贝尔物理学奖。

政府、建筑、太空和生物领域的杰出美籍华人

许多美籍华人在不同的领域做出了杰出的贡献：

赵小兰（Elaine Lan Chao，1953—），曾经是劳工部长及和平团团长。

贝聿铭（I.M. Pei，1917—），出生在广东的建筑家，在全球都留下了伟大的建筑。

王嘉廉（Charles B. Wang，1944—，生于上海），慈善家，1976年创立了冠群计算机联合公司。该公司是美国最大的计算机软件供应商之一，之后又成为全球最大的独立软件企业之一。

张明觉（Min Chueh Chang，1908—1991年，生于山西），生物学家，被称为试管婴儿之父，也对口服避孕药物做出了巨大贡献。

陈世俊（Steve Chen，1978—，生于台湾），2005年YouTube的创始人之一。

杰出作家以及促进中美交往的华人

张爱玲（Eileen Chang，1920—1995年），《雷峰塔》《小团圆》《倾城之恋》的作者，并且将文言文和苏白写成的《海上花列传》翻译成英文。

包柏漪（Bette Bao Lord，1938—，生于上海），著有《猪年的棒球王》《春月》《忠》，并且于1998年获得罗斯福人权奖。

谭恩美（Amy Tan，1952—，生于加州），著有《喜福会》，该小说曾经被译成35种语言，同时还著有《灶神之妻》《百种神秘感觉》《接骨师的女儿》《沉没之鱼》《处女法则》。

宗毓华（Constance Yu-Hwa Chung Povich，1946—，生于华盛顿特区），从20世纪70年代起是CBS晚间新闻的联合主播，水门丑闻期间负责报道了许多相关事宜，还是NBC日间新闻主播，也主持过《与宗毓华共度周六夜》。

加拿大华裔移民

统计数据

加拿大是继俄罗斯之后国土最辽阔的国家，位于美洲最北部的加拿大占据了北美几乎一半的面积。尽管加拿大的移民来自200多个国家，但2010年的新移民超过50%的数量来自10个国家（表1）。

表1　2010年加拿大的永久居民

排名	国家	人数	百分比
1	菲律宾	36 578	13.0
2	印度	30 252	10.8
3	中国	30 197	10.8
4	英国	9 449	3.4
5	美国	9 243	3.3
6	法国	6 934	2.5
7	伊朗	6 815	2.4
8	阿联酋	6 796	2.4

（续表）

排名	国家	人数	百分比
9	摩洛哥	5 946	2.1
10	韩国	5 539	2.0
以上国家移民总数		147 799[①]	52.7
其他国家移民数		132 882	47.3
移民总数		280 681	100

资料来源：居民和移民。加拿大，事实和数据，2010。

据估计，到 2031 年，加拿大 15 岁以上人口将有近一半是外国移民，或者说一般人中父母至少有一位是在国外出生的。少数裔人数将翻倍，并且将占加拿大城市人口的大多数[②]。

个人经历

关于加拿大这个国家，它的森林、植被以及育空地区的骑警，我从小就在课本、出版物以及关于这个国家的影片中有所了解。我父亲和几位在温哥华的朋友一直保持书信来往，温哥华从 19 世纪起就是加拿大最大的华人移民聚居区。父亲的一些朋友还给他邮寄过当地的中文报刊。

---

① 原书如此。应为 147 749，其他相关数据也应有所变化。——编者注

② http://www.ctvnews.ca/parties-prepare-to-battle-for-immigrant-votes-1. 492090（查阅于 2014 年 6 月 15 日）。

我第一次踏上加拿大的国土是在1955年10月的一个星期六，我乘坐了一艘巨大的渡轮，从西雅图的一个码头出发，穿过普吉特海湾，两个小时就到了加拿大维多利亚港口的一个很现代的码头。在美丽的维多利亚城，我们步行在大街小巷里，街道的两侧是民居，外面点缀着五彩的花儿和漂亮的花盆，植物的枝蔓长长地伸出向路人打着招呼。下午5点的时候，我们在码头边的一家大饭店里享用了下午茶，然后又从那儿乘坐渡轮回了西雅图。

直到1963年8月，我才再次踏入加拿大，那一年夏天我在西雅图的华盛顿大学和几位同事为现代语言协会的一个项目准备大学教材《连续性西班牙语》(*Continuing Spanish*)的第一卷。那是一个周末，我在哥伦比亚同事马尔科·奥雷利奥·阿雷纳斯(Marco Aurelio Arenas)和弗洛伦西亚·卡布列拉(Florencia Cabrera)以及乌拉圭同事玛尔塔·巴拉尔多(Marta Baraldo)的陪伴下，开着一辆借来的大众汽车从西雅图开往温哥华。同伴们都是语言学教授，他们在华盛顿大学上美国语言学会夏季项目的课。当时，温哥华大学组织了一个加拿大和美国的拉丁美洲学者研究会，受邀参会的还有前哈佛大学教授弗朗西斯科·马尔克斯·维亚努埃瓦(Francisco Márquez Villanueva)、古巴驻渥太华的大使以及加州大学的几位教授。

我第三次去加拿大是1967年，和我的太太拉克尔一起。我们从纽约开车去蒙特利尔参加蒙特利尔1967年国际博览会的一些国际活动，同时也拜访了我们的朋友马里奥·布赫(Mario Bunge)以及麦吉尔大学的几位同行。这趟四日的旅程以我们的蒙特利尔行结尾，我们还去了古老的魁北克。在魁北克，一位说法语的加拿大朋友凯特·拉蒙特（Kate Lamont）接待了我们，她也曾经下榻过我们在纽约的家。

参观过魁北克文明博物馆之后，我们沿着连接两个城市之间的风景秀丽的高速公路返回了蒙特利尔。在两个城市的参观之行中，我们能够感受到高卢人的强烈的民族主义情绪以及由此产生的同样强烈的抵制情绪，就像戴高乐将军来访时那样，当时戴高乐因在官方的欢迎仪式上喊出了“自由的魁北克万岁”的口号而在安大略省被视为不受欢迎的人。

从1969年起，我担任加拿大社会科学和人文协会的奖学金以及项目资助评审人，缘于此，1980年我被邀请担任渥太华大学西班牙语系建立研究生项目的学术评审人。研究生院院长保罗·哈根（Paul Hagen）博士替我安排了这两天的访问和面试日程，之后我需要准备一份总结报告。院长表达了他对秘鲁的兴趣，部分原因是他是作家维克托·沃尔夫冈·冯·哈根（Victor Wolfgang von Hagen，1908—）的亲戚，这位大作家著有数部关于前哥伦比亚时期文化的作品[①]。院长跟我解释了他这位博学的亲戚是如何保留了家族的贵族标志“冯”（von），而家族中许多经济状况不佳的亲戚们在他们的姓氏中已经不用这个字了。当我询问院长他的这位亲戚大作家的地质研究是否接受了德国人的赞助时，他笑了笑，并向我透露了一个为人们所忽视的细节：维克托·沃尔夫冈·冯·哈根当时的太太是一位吉尔德迈斯特（Gildemeister）家族的后裔，这个家族是秘鲁的切卡玛谷地大庄园

---

① 例如，维克托·沃尔夫冈·冯·哈根的一些作品：*Guide to Lima, the capital of Peru* (1949), *Guide to Machu Picchu* (1949), *Highway of the Sun* (1956); *Ancient sun kingdoms of the Americas: Aztec, Maya, Inca*. (1961 y 1967), *Germanic people in America*. (1976), *Golden man: a quest for El Dorado* (1974)。

的主人，同时在哈布斯堡还拥有一家大银行，除此之外还是许多家大企业的最大股份持有者。

两年之后，1982 年，库尔特 · 列维（Kurt Levy）的学生基斯 · 埃利斯（Keith Ellis）邀请我去多伦多大学做两场讲座：一场是给研究拉丁美洲的学生举办的，用英语演讲；另一场是给他领导的西班牙语系举办的，用西语。我第一场演讲的主题是安第斯山国家的政党危机；第二场主要讲秘鲁现代主义时期的作家，重点是何塞 · 桑托斯 · 乔卡诺（José Santos Chocano）。在多伦多，英语的影响毫无疑问是巨大的。从那以后，我就没有再去过加拿大，虽然我还继续关注着这个美丽的国度，并且和加拿大的一些教授保持着通信往来，在世界的不同地方我们也继续相逢。从 1982 年以后，我还仍然收到访问邀请，邀请我参加加拿大的一些文化活动或者邀请我去做讲座，但是由于种种原因，或是因为和我的学术日程相冲突，或是与我对其他国家的访问相冲突，我再也没有去过热情的加拿大。

加拿大华裔移民

中国人对加拿大的移民始于淘金热以及连接加拿大东西两岸的大铁路建设时期。加拿大的中国移民，尽管有种种困难，最终还是在加拿大蓬勃发展起来了。以下是一些加拿大中国移民重要的历史时期和事件：

1858 年：中国矿工被弗雷泽河谷的金矿吸引，到达不列颠哥伦比亚省。

1880 年：大约 1.5 万名华工被不列颠哥伦比亚省的加拿大太平洋铁路公司雇用，修建大铁路。

1880 年：铁路修建完工后，加拿大太平洋铁路公司强迫一些华工去阿尔伯塔以及其他省份找工作。

1885 年：加拿大中国移民法通过，要求加拿大的大部分中国移民支付入境税 50 加元。

1900 年：加拿大联邦政府将入境税从 50 加元增加到每人 100 加元。

1903 年：中国移民入境税增加到 500 加元。

1923 年：1923 年的中国移民法，也叫排华法案，禁止中国移民进入加拿大。

1939—1945 年：中国和加拿大是第二次世界大战中的盟国。华裔加拿大人在加拿大军队中参战，加拿大的华人社区也积极参与战备。

1947 年：第二次世界大战后排华法案被废除。但是，对中国移民的一些限制却被保留了下来。华裔加拿大人不得将超过 18 岁的子女带进加拿大。

1957 年：加拿大华裔郑天华（Douglas Jung）成为加拿大首位下议院华人议员。

1967 年：加拿大联邦政府修改了移民法律，对所有申请入境的移民统一对待，不再以来源国区分。加拿大华人移民有相当数量的增长。

1979 年：加拿大华人组织游行抗议加拿大电视台的一档叫 *Campus Giveaway*（《校园大平卖》）的节目中公布的报告，华人们认为该报告有种族主义倾向。这些活动最后促成了加拿大华裔平权会（CCNC）的成立。

1984年：加拿大华裔平权会掀起了一场运动，要求政府对那些支付过入境税的加拿大华人家庭给予补偿。面临该状况的有超过4000人，他们最终都成为平权会会员。

1988年：加拿大华裔林思齐（David Lam）被任命为不列颠哥伦比亚省省督，这是第一位担任加拿大省督的亚裔。

1994年：加拿大联邦政府拒绝对那些支付过入境税的加拿大华裔家庭给予补偿。

1997年：英国将殖民式统治了156年的香港交还给中国。移民加拿大的香港人数有显著增加。

1998年：利德蕙（Vivienne Poy）博士成为加拿大首位上议院华裔议员，后于2003—2006年成为多伦多大学的名誉校长。

1999年：华裔伍冰枝（Adrienne Clarkson）成为首位加拿大华裔总督。

2000年：平权会支持的一项集体议案认为加拿大针对中国移民的入境税以及排华法案违反了加拿大人权和自由法案。

2004年：联合国一位官员建议加拿大补偿支付过入境税的华裔家庭。

2005年：华裔林佐民（Normie Kwong）被任命为阿尔伯塔省省督。

2006年：加拿大总理史蒂芬·哈珀（Stephen Harper）向受到排华法案和入境税影响的华裔加拿大人正式道歉。政府给每位支付过入境税的华裔或者他们仍然在世的遗孀支付每人2万加元补偿。同时，鉴于第二次世界大战中的一些措施以及该国移民政策中对于一些文化群体造成了不良影响，政府承诺资助一些项目来予以补偿。

加拿大中国移民的一些补充资料

加拿大的中国社区有着漫长的历史。在这个国家，从两个世纪以前第一批华人登上这个国家的海岸时，华人就对加拿大社会的形成和塑造起到了至关重要的作用。加拿大华人是加拿大非欧洲移民中历史最悠久的。华人经历过各种困难和挫折才慢慢融入了加拿大文化。今天，华人是这个国家除白人之外最大的族裔群体。加拿大华人占总人口中很大的一部分：全国一共有130万名华人，这还不包括他们的后裔以及每年进入这个国家的成千上万的中国新移民。

华人是加拿大西岸最早定居的居民之一。有明确记录的中国移民的最早入境时间是18世纪初。一个世纪之后，更多的华人因为淘金热来到加拿大，其中一些人甚至发家致富了。19世纪初，成千上万的华工被引进到加拿大参与大铁路建设，这条铁路横贯整个国家，时至今日仍然是加拿大穿越东西两岸最重要的交通纽带之一。但是，尽管华人参与建设了这个国家许多最重要的大工程，仍然有一些排外的政客通过对中国来的新移民实施人头税而将许多中国人挡在国门外。1923年，这些种族主义的政客再次通过了中国移民法，也就是加拿大历史上的排华法案，法案规定除非某些特殊情况，禁止中国新移民进入加拿大。幸运的是，这项法案1947年被废除了。2006年，加拿大政府正式向受这些不公平法案影响的人们道歉。幸存在世的当年交过这些人头税的华裔收到了经济上的补偿。

1947 年以来的中国移民

1947 年以后，加拿大就张开双臂欢迎来自中国的移民。事实上，时至今日中国已经是加拿大移民的第二大来源国。2006—2011 年，超过 12.2 万中国人在加拿大获得了永久居民身份，他们占加拿大同期总移民数的 10%。中国进入加拿大的移民逐年增加。根据这个国家最新的人口普查，在过去 5 年内每 5 个出生在海外的中国人中就有 1 个来到加拿大。只有 2.8% 的加拿大华人是第三代或者更远的华人移民后代。对于不断增长的中国移民数起到关键作用的是加拿大政府的家庭移民政策。加拿大政府允许自己的公民以及永久居民通过父母、祖父母团聚计划以及超级签证（允许长期逗留的访问签证）担保自己的父母和祖父母的移民。

加拿大华人社区

加拿大的华裔散布在这个国家的不同省份，主要以多伦多和温哥华人数居多，多伦多华人占加拿大华人 40%，而温哥华有 31% 的华人。这两个城市和蒙特利尔一样，都有正式的中国城。超过百万的加拿大华人讲普通话、闽南话以及粤语。中文是加拿大继英语和法语之后的第三大语言。加拿大华人的勤劳让他们在各行各业繁荣发展，华人不仅有政府、管理、销售协调方面的专业人士，也有工厂和作坊里的工人和劳工。第二代华裔中在专业以及管理领域的人数比例远远超过其他移民族裔，也超过加拿大人口中专业人员占人口总数的普遍比例。最近一些年，大量的加拿大华裔在信息计算机以及医药方面做出了杰出贡献。这和其他一些在加拿大定居的富裕的移民社区情况类似。许多华裔在公共生活方面占据了重要的职位，其中包括北美第一位华裔市长吴荣添（Peter Wing），议员徐正陶（Ted Hsu）、梁中心（Chungsen Leungh）和邹至惠（Olivia Chow）。其他杰出代表还包括郭李琦华（Eva Kwok），她是加拿大最古老的银行蒙特利尔银行的领导成员，此外还有加拿大汇丰银行的前总裁黄光远（Milton Wong）。

加勒比和圭亚那的华裔移民

被贩入英属加勒比的苦力

英属加勒比中国移民应该是非西属加勒比岛国中国移民潮中最早的。1833年8月28日英国开始禁止在其本土使用黑奴以及其他种族的奴隶，因为英国开始了工业革命需要自由劳动力，尽管与此同时英国并没有废除殖民地黑奴。这也导致了20万中国苦力被引入加勒比岛国（3/4到了古巴），他们中的大部分人出生在中国南方，以被欺骗和胁迫的方式带到了加勒比，在半奴隶的状态下在甘蔗种植园以及复合农林业中从事着繁重的劳动。他们的劳动状态并不比黑奴好多少，比孟加拉以及泰米尔纳德邦整个19世纪的苦力状况要糟糕许多。中国移民在当地跟在新世界的其他许多地方一样，其特征是适应加勒比环境气候，能抗击大风大浪，并组建社区融入该地区的各个国家：牙买加、特立尼达、英属圭亚那、伯利兹以及古老的英属洪都拉斯。这个过程既有合法部分也有不合法部分。许多劳工的引进并非通过合法渠道，因为奴隶劳工价格高涨以及市场的岌岌可危使得甘蔗种植园主们用非法手段进口劳力：马尔他人、马德拉群岛的葡萄牙人、黎巴嫩人、亚美尼亚人、孟买地区的印度人以及中国南方人，这些人替代了因为英国工业革命的启动而在英帝国所有领地都被禁的黑奴。换句话说，英国人实际上加速了劳工的强制迁徙，因为他们在安的列斯群岛的种植园需要大量劳动力。

在这种情形下，1806 年 10 月 2 日，一艘东印度公司所属的船只“坚韧号”（Fortitude）到达了特立尼达的海边，船上载着 192 名中国人。这艘从 1780 年以来不断往马来西亚槟城运送中国劳工的船如今在特立尼达重复着同样的经历。中国苦力上岸后被迅速带往特立尼达各地的甘蔗种植园劳作。这些中国劳工签署的合同上规定一旦结束合同上约定的工期，他们就可以返回中国。他们中的许多人回到了中国，最终只剩下 23 位苦力留下在特立尼达的西班牙港定居。随着此后持续的劳动力的跨洋输入，特立尼达的中国城也建起来了，在特立尼达社会形成的过程中华人也建立起自己的社会认同。

华人到达安的列斯群岛的合法移民过程在 19 世纪的下半叶一直持续进行，与此同时，非法的黑奴交易也在秘密进行中，这些交易由西班牙人和法国人控制，他们伪称这些新引入的黑奴是他们自己的种植园里既有黑奴的后代。历史上悲惨的这一篇章直到废奴法全面推行才结束，法国及其殖民地 1848 年废除了黑奴，1879 年西班牙通过废奴法，1873 年波多黎各、1880 年古巴、1889 年巴西先后禁止了黑奴。根据古巴历史学家胡安・佩雷斯・德・拉・里瓦（Juan Pérez de la Riva）的说法，“人类历史上的黑奴就此结束了”（Pérez de la Riva，1975）。据史料记载，在英属、荷属和法属加勒比岛屿上，中国苦力的劳动状况和他们在西语世界的同胞们类似。

牙买加

1854 年 11 月 1—18 日，两艘船——“蝙蝠号”（Vampire）和“特蕾莎·珍妮号”（Theresa Jane）在牙买加首都金斯敦登陆，分别运载了 195 名和 10 名华工，他们来自香港，其中一些人因被怀疑患上黄热病而被从巴拿马驱逐出来。1854—1874 年，在牙买加共计 1152 个中国苦力上岸，他们被带往果蔬种植园劳作（Look Lai，1998）。另外一些有记录的相当数量的华工数据如下：1884 年，677 人；1885 年，700 人；1888 年，800 人（Tortello，2003），并非所有的华工都直接来自中国。他们中的许多人从巴拿马过来，这些人之前已经在巴拿马从事过铁路工程建设，另外一些从巴西或者美国到达牙买加；也有一些人是从特立尼达和英属圭亚那辗转过来的。而直接从中国来的华工大多是来自广东省，他们通过香港进入加勒比。他们的终点站是牙买加的甘蔗种植园，但是在 19 世纪 70 年代，至少有 200 名华工进入美资的可可和香蕉种植园劳作。他们签署了 3 年的劳工合同，他们的合同相比甘蔗种植园的华工合同要宽松一些。来自牙买加的华工促成了 19 世纪最后 20 年到 20 世纪初这个国家中国社区的发展。

尽管 1905—1931 年仍然间或有限制华人入境的规定，但是牙买加的中国社区已经成了当地继古巴社区之外最大的移民社区（Anshan，2004），华工在不同的农林混合中心辗转流动推动了工会的建立，促成了跨种族婚姻的出现。事实上，1946 年的人口普查结果显示，牙买加华裔人数是 12 394 人，其中 2818 人出生在中国，4061 人出生在牙买加，5515 人带有部分中国血统，被称为“有色华裔”（Chinese colored）。“Chinese colored”（有色华裔）一词后来被“blasian”（黑亚混血）取代，意思是黑人和亚洲人的混血。这一文化同化的过程很不幸地导致了中文的丢失，华裔们主要使用的语言是英语或者牙买加土著语言。另外一个伴生的社会学现象是英文名字的使用以及对岛上美食的贡献。

特立尼达和多巴哥

特立尼达和多巴哥首次引入华工的失败尝试是在 1806 年，直到 47 年后的 1853 年，在太平天国运动（1851—1864 年）轰轰烈烈进行的时候，1100 名华工才正式登上了特立尼达和多巴哥，他们中的许多是来自广东的客家人。中国移民数量以及登陆特立尼达的时间见表 2。

表 2　中国移民数量以及登陆特立尼达的时间

<table>
<tr><th>日期（日 / 月 / 年）</th><th>船只名称</th><th>中国移民数量 / 人</th></tr>
<tr><td>4/3/1853</td><td>Australia</td><td rowspan="3">1100</td></tr>
<tr><td>23/4/1853</td><td>Clarendon</td></tr>
<tr><td>28/6/1853</td><td>Lady Flora Hastings</td></tr>
<tr><td>3/7/1862</td><td>Wanata</td><td>467</td></tr>
<tr><td>18/2/1865</td><td>?</td><td rowspan="2">600</td></tr>
<tr><td>25/5/1865</td><td>?</td></tr>
</table>

（续表）

日期（日 / 月 / 年）	船只名称	中国移民数量 / 人
12/2/1866	Dudbrook	1917
24/2/1866	Little Red Ridinghood	

注：“？”表示数据缺失。

资料来源：特立尼达和多巴哥国际图书馆和权威信息中心。《中国人在特立尼达和多巴哥》，http://www.nalis.gov.tt/Research/SubjectGuide/ChineseArrival/tabid/113/Default.aspx。

以上数据显示 1853—1866 年，一共有 3937 名华人到达特立尼达。具体地说，1862—1866 年，一共有 1984 名移民从澳门、厦门和广东以及香港的港口出发，其中妇女 367 人，最终只有 309 人登陆，154 人死在了船上，7 名婴儿出生在海上。岛上稀疏的人口以及农业发展水平的低下，导致了华人社区有着极大的流动性，他们可以顺流而上或者从事其他生产活动。这个特点使得特立尼达对于英属圭亚那甚至是苏里南华工来说都有巨大吸引力，因为大部分其他岛屿上的华工都不得离开其劳作的甘蔗种植园或者农林混合园（Look Lai，1993）。

库拉索岛

从 19 世纪 80 年代开始，成百上千的英属或者荷属圭亚那群岛的华工迁徙到库拉索岛。此后，1915 年，加勒比石油公司在岛上建立了一座炼油厂，许多来自苏门答腊的华裔技术工人涌向了这个工厂（Hung，1992）。

2008 年的人口普查数据显示，在库拉索有 140 796 名居民，是整个荷属安的列斯群岛中人口最密集的。库拉索是加勒比南部荷属的一块海外自治区，离委内瑞拉海岸线约 50 公里，属于背风群岛，临近阿鲁巴和博奈尔岛。直到 2010 年，它还是荷属安的烈斯群岛的一部分。2006 年，岛上有 102 个不同的种族。荷兰语长期是唯一的官方语言，但是自 2007 年以来荷兰语和帕皮阿门托语成为岛上的两种官方语言。

阿鲁巴

1824 年阿鲁巴岛上发现了金矿，因此吸引了无数的淘金者，他们中的大部分人来自委内瑞拉。19 世纪 50 年代，华工加入了淘金行列，他们带来了加州金矿的工作经验。和库拉索岛一样，这里于 1924 年和 1929 年分别建起了两座巨大的炼油厂：一家是美孚石油的附属公司（Lago Oil and Transport Company），位于岛上的东南角；另一家位于岛屿的西部，是飞鹰炼油（Eagle Oil Refinery）公司。两家炼油厂里都有来自印度尼西亚的华工，他们中的许多人最终在岛上定居下来（Hung，1992）。

法属安的列斯群岛

进入法属安的列斯群岛的中国苦力主要在马提尼克和瓜达卢佩岛登

陆。从1860年起，继中法签署劳工运输协议之后，华工在广东签订劳工合同。每个岛屿都接受了超过2000人的苦力，另外一些劳工被转手到一些古巴劳工贩子手里。978名华工被送进了马提尼克，其中552人是从上海出发的，而其他426人是从广东离开的。据称有56%的人说吴语（也就是上海当地方言），那些从广东出发的说客家话。令人遗憾的是，1902年5月8日马提尼克培雷山火山喷发摧毁了位于首府圣皮埃尔中国城的大部分建筑，有约28 000人被疏散（Hung Hui，1992）。显然，有人利用这次灾难把成百上千的苦力转移到法属圭亚那殖民地去了，因为当时法属南美洲的种植园急需劳动力。

多米尼加共和国

华人在多米尼加共和国的出现始于19世纪60年代中期从古巴过来的几批华工，他们在西宝奥地区的一家砖厂干活，有些人参与了桑切斯-拉维嘉铁路（Sánchez-La Vega）的建设。格雷戈里奥·里瓦（Gregorio Riva）大力宣传中国苦力的重要性，里瓦是位于多米尼加东北部地区的一位有声望的庄园主，他需要能够对抗这片沼泽地且适应艰苦劳动条件的工人来修建经过这一地区的铁路。后来，中国苦力就在当地安家了，他们从事楼房或者仓库建设，居住在岛屿东北部的萨马纳（Samaná）、玉纳（Yuna）和摩卡（Moca）附近，或者更靠近圣弗朗西斯科·德马科里斯（San Francisco de Macorís）一带（Azcárate，2008）。圣多明戈（Santo Domingo）

的华人社区就是这么慢慢兴起的，它渐渐地在这个加勒比国家中占有了重要的经济地位（Severino，2006）。

美洲加勒比海沿岸

中国人在美洲加勒比沿岸地域的移民和加勒比岛屿类似。这个地理区域包括英属洪都拉斯或者说伯利兹、巴拿马、英属圭亚那、苏里南和哥斯达黎加。

伯利兹，前英属洪都拉斯

伯利兹位于中美洲的最东北角，政体是君主立宪议会制，有两个主要城市：首都贝尔莫潘和人口最密集的伯利兹城，后者也是这个国家的主要港口城市。伯利兹北部和墨西哥接壤，西部和南部毗邻危地马拉。洪都拉斯海湾将它和洪都拉斯共和国分隔开，因此伯利兹从前也被称作英属洪都拉斯。虽然西班牙语和伯利兹克里奥尔语是这个国家的主要语言，但这是中美洲唯一一个官方语言是英语的国家，尽管英语仅仅是这个国家 3% 的人口的母语。

16 世纪时，西班牙殖民者占领了今天我们称为伯利兹的这片地区，西班牙人宣布它为自己的殖民地，尽管他们并没有实际殖民这个国家。

不久以后，这片地区成了危地马拉大首府的一部分，被称为 Baliza。从 1507 年起，西班牙人一直控制着这个国家，直到 1821 年它以新西班牙的名称独立。Baliza 这个词的字面意思是“标记、记号”，这个名字可能来源于岸边放置的许多标记（人们在岸边安放了浮标来提醒西班牙的水手们这片地域水底有珊瑚、礁石和沙底）。16 世纪，当地人帮助来自英国的走私商人和海盗躲避过追捕，并帮助这些人介入了这个地区的事务，之后英国人渐渐开始占领这里，而类似行为引发了他们和西班牙的矛盾，尽管当时的西班牙居民人数稀少。17 世纪，苏格兰殖民者上岸，帮助先于他们到达的英国殖民者建立了一个商业殖民地，随着时间的流逝，英国人在伯利兹地区通过许多和西班牙人签署的合约慢慢获得了控制权。直到 1862 年，伯利兹才被正式认为是英属，这一时间距离 1821 年新西班牙宣布独立已经过去 40 年了。英国人的占领既不被危地马拉认可也没有得到墨西哥的支持。

19 世纪，中国劳工被带入英属洪都拉斯，他们没有从事蔗糖业，而是从事香料木材以及一种可以当染料的黑木（palo de tinte）的砍伐工作（Premdas，2004）。1865 年，“岁月之光号”船运来了 480 名中国劳工，他们在伯利兹北部的洪都河流域以及科罗萨尔地区从事艰苦的森林砍伐。当地恶劣的劳动条件使得 3 年内中国劳工死亡了近半数，成百人被迫逃往临近的墨西哥的城市金塔纳罗奥（Ramos，1999），后来，许多中国人就在那里的玛雅社区定居，并且在那儿融入了周围人群、繁衍后代。1990 年的人口普查显示，华人有 748 名，而在 1989 年的时候才有 214 人（Look Lai，1998）。2002 年，许多来自中国大陆和台湾的中国人作为经济投资移民进入伯利兹，他们以在当地投资来换取伯利兹国籍，以便能够自由出入许多国家（Premdas，2004）。

圭亚那

圭亚那的官方名称是圭亚那合作共和国，它是一个独立自主的国家，位于南美洲北部，是南美洲国家联盟的成员国之一。东北濒大西洋，东靠苏里南，西北与委内瑞拉交界，南边毗邻巴西。今天人们还是习惯地称它为英属圭亚那，因为在荷兰殖民者走后这片土地曾经被英国殖民过。荷兰人被传说中的黄金国吸引，于 1616 年在南美洲的这片地区修建了圭亚那的第一个根据地，并且建立了殖民地，期间英国人从非洲、爪哇和印度引入了许多的奴隶。1796 年，英国人占领了圭亚那。

1853 年 1 月 12 日，第一批中国苦力来到圭亚那，代替黑奴在甘蔗种植园里劳作，他们的工资低廉、劳动条件不堪，状况比黑奴更悲惨。大不列颠本土于 1834 年禁止了奴隶交易。但是劳动力的流动持续进行，尤其是在 1859—1866 年以及 1874—1879 年。在这一时期，有 13 533 名苦力乘坐 39 艘船到达圭亚那。他们中的许多人在苏里南、特立尼达、圣卢西亚以及牙买加寻求稍微好一些的劳动条件。从 1890 年以后，到达圭亚那的中国人基本都是自愿来的，而且数量也不多。最后一波一直持续到 20 世纪，主要还是来自广东汕头，也有一些来自相邻的福建厦门。

大部分从圭亚那主要港口乔治敦上岸的中国移民最终都留了下来，加入了圭亚那国籍，大都在杂货店、洗衣房、餐馆、超市以及进出口产品商店里工作。他们的后代们都接受了教育，许多人成为专业人士，一些人在政府部门就职。

圭亚那亚洲移民中一位很重要的政治人物是切迪·贾根（Cheddi Jagan，1918—1997 年），他是一名印度裔的圭亚那牙医，1947 年他被选为殖民地议员，1957—1961 年担任政府的首席部长一职，1961—1964 年当选总理。在反对党内经营了相当长的一段时间后，他被选为圭亚那总统（1992—1997 年）。

由于 1962—1963 年圭亚那的社会骚动，许多中国人开始离开圭亚那移民英国、美国以及加拿大。2002 年圭亚那人口普查显示，华裔有 1395 名，其中 646 人出生在中国。他们中有些人是杰出的职业人士，如医生、律师、教师和管理层精英；有些人是仲裁法院法官、议员以及自由职业者。其中一位华裔担任过乔治敦市的市长，另外还有一位是享誉全球的钢琴家。法官钟亚瑟（Arthur Chung）① 最终当选了国家总统（1970—1980 年）。

苏里南，前荷属圭亚那

苏里南官方名称是苏里南共和国，历史上曾经也叫荷属苏里南。从 1975年开始，苏里南成为一个独立自主的国家②，它位于南美洲北部，北濒大西洋，东邻法属圭亚那，西连圭亚那，南界巴西。它是南美洲国土面积

---

① 钟亚瑟(Arthur Chung，1918—2008 年)，1970—1980 年担任圭亚那总统，他在中国出生，但是幼年时期就来到了圭亚那的乔治敦，并终其一生都生活在那儿。1966 年他加入了圭亚那独立宣言宣誓活动。在他的第一个总统任期（1970—1977 年），发生了琼斯唐镇谋杀案。1977 年他再度当选总统，任期到 1984 年，但是在 1980 年因其无法控制基督徒和犹太人之间的武装斗争而辞职。随即，当时的副总统福布斯·伯纳姆继任。

② 1975 年 11 月 25 日，苏里南正式宣布独立。

最小的国家，只有 163 270 平方公里，面积约相当于突尼斯或者佛罗里达半岛。根据 2011 年欧盟的数据，它的人口数大约为 54.9 万，因此它也是继法属圭亚那之后南美洲人口第二少的国家。苏里南的原住民是美洲印第安人：阿瓦拉克人（awaraks）和加勒比人（caribes）。继荷兰人殖民这个国家之后，其他欧洲国家的殖民者也陆续登上过这个国家，贩入了非洲黑奴以及印度、爪哇、印度尼西亚和中国的苦力。从宗教的角度说，许多苏里南人是天主教徒、印度教徒、穆斯林以及新教徒。首都是帕拉马里博，它的官方语言是荷兰语。

关于华人在苏里南的信息很稀少。但是，有资料显示，在苏里南还是荷兰殖民地期间，包括 1843 年废除奴隶制之前，被贩入的中国苦力大多在广袤的甘蔗种植园里劳作。荷兰东印度公司负责中国大陆苦力，以及爪哇和苏门答腊的亚洲劳工交易以及运输。1833—1843 年，荷兰东印度公司贩入了 2096 名苦力，1865—1872 年，贩入了 2430 名苦力（Hung，1992）。

法属圭亚那

法属圭亚那领土，正式名称是圭亚那，是法国的一个海外大省，也是欧盟的一部分，位于南美洲大西洋边，与巴西和苏里南交界，北边是大西洋，西边是苏里南，东边和南边都与巴西接壤，人口数是 26.2 万，首都卡宴（占总国土面积的 1/3）。官方语言是法语，但使用最普遍的语言却是克里奥尔语，它是一种以法语、英语、西班牙语和葡萄牙语为基础混合而成的语言。有少部分人使用非洲方言和美洲印第安方言。圭亚那由于历史上不断地被各国殖民，因此拥有混合文化。

1604 年，圭亚那被法国殖民，但是充满敌意的当地人以及热带疾病使殖民者在一年半内死亡大半。从 18 世纪末开始，法属圭亚那变为罪犯流放地，但是这些海外流放地，包括魔鬼岛（Isla del Diablo），在 1951 年都被放弃了。

现在居住在法属圭亚那的 2722 名华人都是 19 世纪从英属圭亚那去的中国苦力的后代。1853—1879 年，大约有 1.4 万名华人苦力到达了加勒比的英属殖民地，大部分人来自广东，他们中的许多人在英属圭亚那的甘蔗种植园劳作。因为几乎所有引入的中国劳工都是男性，在合同结束后，他们中的许多人同土著或者非洲妇女结了婚。尽管有跨种族婚姻的存在，但华人人口数还是急剧下降，以至于到 20 世纪 60 年代，有华人血统的人口数只有不到 4800 人，占总人口数的 6% 左右。

古巴华人

历史沿革

直到 21 世纪，古巴的华人社区仍然是这个国家里继非裔以及欧洲裔社区之后的第三大社区。16—18 世纪成百上千的菲律宾华人来到这里，在那之后，从 1847 年 6 月起，成千上万的中国苦力开始抵达古巴，他们中的大多数来自中国南方省份，包括广东省和福建省。1847 年及其后的二十余年里，许多大大小小的船只将无数被以欺骗的方式签了合同的中国劳工送到了古巴，他们像半个奴隶一样在甘蔗种植园以及其他农场里干活。尽管生活条件艰苦，中国人还是带来了他们千年以来的儒家和佛教的生活文化传统。就像黑奴在 15 世纪被引入是为了补充大批印第安人因瘟疫死去而留下的劳动力缺口一样，中国苦力被贩入是为了填补英国禁止黑奴后导致的劳动力缺乏（Chang-Rodríguez，1958）。

拉丁美洲大地 19 世纪初火热的独立革命之火并没有燃烧到古巴，主要原因是驻扎在小岛上的西班牙武装势力的全面掌控。西蒙 · 玻利瓦尔（Simón Bolívar，1783—1830 年）也曾想过派一支舰队去解放古巴，但是由于美国的反对没有成行。尽管也有何塞·马利亚·埃雷迪亚（José María Heredia，1803—1839 年）和其他古巴独立革命先驱的努力，解放这个岛屿的公开斗争直到 19 世纪中期才开始。这一次古巴人民得到了美国的支持。

虽然古巴是西班牙殖民地，但是它的经济状况类似拉丁美洲已经独立的国家，尽管有一些它独有的不利之处。土著印第安人已经不存在了，他们被殖民者以及他们的后代全都屠杀光了。此外，黑人和印黑混血人数无法满足不断膨胀的蔗糖工业的劳动力需求。当时蔗糖工业快速扩展，导致古巴的经济似乎建立在单一作物基础上。尽管社会上反叛的风气已经盛行，但小岛经济还是大幅发展，这在很大程度上是因一些古巴爱国人士的活动，他们组成了国家经济友好协会，经济的发展也需要越来越多的劳动力。

19 世纪的古巴苦力贸易

1845 年禁止奴隶贸易的法律通过以后，驻哈瓦那的西班牙发展委员会（la Junta de Fomento Española en La Habana）（主管农业的官方委员会）决定派出一名代表去中国雇用佃农。西班牙代表在中国使用了和后来的秘鲁代表们一样的招数来雇用中国苦力[①]。第一批中国男性劳力于 1847 年到达古巴。据资料称，苦力们被迫接受的合同中规定，劳动时间是 8 年，每天

① 秘鲁报纸《祖国报》于 1874 年 3 月 17 日那一期刊登了文章，揭露华工受到的非人待遇，并确认至少有 80% 到达帕伊达和卡亚奥的亚洲人都是被骗来的。

领取 20—30 分报酬、1.5 磅（1 磅≈ 454 克）牛肉加盐或者风干的牛肉、1.5 磅土豆以及其他面粉制品。每人应该还能领取一条被单和享有医疗救助（Departamento de Guerra de los EE.UU.，1900）。1847 年，大约有 800 名中国劳工被欺骗签署了到古巴的劳工合同。这项交易在接下来的几年内继续增长，直到后来慢慢萧条，一大部分原因是第一批劳工中有高达 28% 的死亡率，死亡原因包括颠沛流离、糟糕的食物以及非人的劳动条件。其中有些苦力自杀，期望着死后奇迹出现，自己的尸体能够被运送回故国，许多中国人就这么悲惨地在古巴结束了他们的被骗的劳工之旅。

第一批到达古巴的中国苦力于 1847 年 6 月 3 日乘坐“奥昆多号”小船从哈瓦那港口登陆，这艘小船的出发地是广东，也就是在美洲的大部分华人的出生地。这批 206 名华工忍受了 131 天漫长的海上航程，其中 6 人在途中死去。在他们登陆哈瓦那 9 天之后，英国船只“阿盖尔公爵号”也载着 365 名幸存的苦力上岸了，这艘船在海上行驶了 123 天，带走了 35 名苦力的生命，这两艘船都是从福建厦门出发的。在其后的 27 年内，更多的苦力被运来，据估计一共有 15 万人在到岸的时候还幸存着，7622 人死在了漫长而艰苦的海上行程中。所有人都被以欺骗的方式签署了劳工合同，他们将在甘蔗和烟草种植园劳作。和苦力签署合同的中介商业公司通过在中国运作的代表来骗取华工，这些商业代表被称为“猪仔头”——他们中的大部分人来自澳门，说英语，主要在福建、浙江和广东等地活动。他们先是物色强壮健康的年轻农民，然后许诺能让这些农民快速稳妥地发财。这是一项无耻的买卖，在初期，这些掮客每骗到一个苦力就能获取 3—5 比索费用，到后来涨到每个苦力人头获取 15—20 比索。无止尽的贪婪让一些中介“猪仔头”对单纯的农民坑蒙拐骗无所不用其极（Hung，1992）。这些苦力在古巴岛上定居后，人数达到了总人口的13%，古巴也就此成为19世纪拉丁美洲最主要的华工接收地。

华人在古巴最初的移民经历是失败的，包括一开始和代理的接触到后来在种植园的分配和劳作。1853年输入了5150个中国苦力，其中843人（大约是16%）在途中死去。1854年3月22日，西班牙颁布皇家法令，规范从中国和墨西哥尤卡坦的进口，并对劳工的交易进行了规定。在执行这条法令的过程中使用的非人道方式引起了人道主义者的抗议，其中就包括英国驻西班牙的豪登（Lord Howden）勋爵，他在一封写给西班牙外交大臣华金·弗朗西斯科·帕切科·伊·古铁雷斯·卡尔德隆（Joaquín Francisco Pacheco y Gutiérrez Calderón，1808—1865年）的信中提醒西班牙政府英国人反对国际奴隶贸易。在这封日期为1854年10月6日的信中，豪登部长指出，西班牙1854年的皇家法令没有规定在获取、运输以及分配中国苦力时必须使用人道方式，也没有规定苦力的服役期，这实际上造成中国苦力的地位和奴隶没有两样。这一抗议迫使西班牙政府于1860年6月6日又颁布了另一项皇家法案来规范移民，声称要保护华工不受强迫、人身剥夺以及各种暴行（Hung，1992）。但是，其中第七条规定宣布华工只要在古巴逗留期间，都属于奴隶，除非他们自己赎身，而鉴于当时合同的苛刻条件，赎身对于华工而言完全不可能。

1864年10月10日，也就是古巴第一次独立战争爆发之前4年，西班牙和中国在天津签署条约，规定双方国家的移民以及签约状况。条约的第4条和第5条允许华工和他们的家人从中国的任何一个开放的口岸出发。在合约签署之前，前往拉丁美洲的苦力只能在有限的几个港口出发。1848—1852 年，广东是一个非常重要的移民出发港口，但是不久之后，澳门成了劳动力贸易最重要的口岸。鉴于该条约完全没有考虑有引进古巴或者西班牙劳工到中国的可能，也没有相关的规定，所以华工们签署的合约条款单方面地有利于雇主而损害了劳工的利益。

古巴历史学家胡安·佩雷斯·德·拉·里瓦（Juan Pérez de la Riva）统计，1865 年以后，古巴蔗糖业的劳工缺口高达 75%，这一缺口得以由几乎以奴隶状况生存的中国苦力填补上。他们中的许多人付出了生命的代价：在苦力交易进行的四分之一个世纪里，大约有 1.6 万名华工还没有登陆古巴领土就命丧大洋；幸存下来到达古巴的华工有 50%—55% 没有能够挺过所谓的合同规定的 8 年工期。

1853—1873 年，一共有 132 435 名华工从中国前往古巴，其中 13% 人死在途中或者死于上岸后不久（Departamento de Guerra de los EE.UU., 1900）。在苦力交易的最初 9 年，中国政府规定的禁止移民条例完全被外国人以及他们所雇用的中国买办无视。同样的情况也发生在 1856 年以后的各种中国地方条例上，这些条例规范了苦力和他们的代理之间签署合同的各种条款。中国法律以及条例徒劳地想要缓解中国华工的悲惨遭遇，这些工人的命运类似于非洲黑奴或者比黑奴状况更糟糕。1859 年，广东省官方批准了华工交易以期规范它。但是，最不遵守劳工贸易人道化的国家当数葡萄牙。1865 年，中国政府拟定了新的条约规范。第二年，法国和英国与中国签署了移民条约，对于绑架劳工的罪犯处以死刑，将合同工期减到 5 年，规定苦力能够在工期完成后自由返回中国，并且只允许他们从有监管的中国口岸出发。这一移民条约后来也被美国、俄国和德国批准，但是英、法并不实际执行。有资料显示，在 1847—1867 年前往古巴的 114 081 名华工中，只有 53 502 人最后逃脱了终身奴隶般的悲惨命运。关于这个问题的报告于 1874 年发表，随即震惊了世界[①]。最终导致中国于 1873 年中止对外移民的重要因素包括大量的劳工死亡、大量的劳工逃亡、世界其他地区的劳动力输出以及黑奴交易的继续。在英国、法国、美国、德国和中国的共同施压下，葡萄牙于 1874 年 3 月 27 日同意禁止中国澳门的苦力交易。也是基于这一原因，中国澳门的港口于同一时期停止了苦力交易，随后伴有西班牙、古巴和秘鲁商人集体抗议这一举动。尽管有外国抗议，各种压力以及在拉丁美洲华人受到的各种间接的威胁都使得苦力贸易在中国澳门没有立刻恢复。

关于中国人对外移民的国际公约

19 世纪中后期，中国和西班牙对两国关系以及劳动力交易的条款争议不断。清政府抱怨古巴华人受到的种种非人待遇，但是西班牙政府坚决否认了这一指控。于是，当时驻北京的美国商务代表威尔士 · 威廉姆斯（Wells Williams）博士给中方提议，调查古巴中国劳工是否受虐待

---

① 该报告于 1874 年在上海发表，题为《中国移民：中方调查团关于古巴华工劳动状况调查报告》。该报告在华盛顿的国家档案馆中也能查到，编号 LXXVII (247), pp. 329–733。

的最好方式就是派调查团现场调查[1]。西班牙方面勉强接受了代表团的参观。调查代表团成员包括陈兰平（Chan Lan-pin），在接受代表团任命的时候，他正在美国负责中国留学生；另外两位成员是汉口海关代表麦克弗森（MacPherson）以及天津海关代表胡珀（Huber）。调查团于1874年3月17日到达古巴，直到5月8日才离开。在此期间，他们走访了雇用劳工的许多种植园。调查团采访了中国劳工、记录了他们的谈话，并收到了他们的诉求。超过2500人次接受了采访。到5月8日他们离开之日为止，他们收到了1176份见证、85份请求书以及1655份签名。调查团的报告确认了在古巴的中国苦力受到了非人的待遇。该报告还指出，当时在古巴的华人总共有40 413名，其中80%是被绑架或者被诱骗来的[2]。该报告还显示，除了很少的一部分人之外，大部分中国苦力终其一生都没有能够实现回到祖国的梦想。

中国政府和秘鲁在1874年拟定了一个合约，其后，又于1877年与西班牙官方在北京签订了争议已久的条约，根据这些条约，1864年的条约第10条暂时被废止，中国人可以自由向古巴以及其他地方移民。新条约还规定中国公民在古巴必须获得最惠国国民待遇，也就是说只要他们没有违法行为，那里的当局就必须允许他们离开古巴。西班牙同意支付一部分中国人的回国费用，这些人包括去古巴之前在中国担任文职的人员、失去劳动能力的老人以及孤儿。1878年10月15日古巴首脑颁布法令，要求华工必

---

①《外交简报，中国，35》（*Diphomatic Dispatches, China, 35*），威廉姆斯博士致中国信函，1873年8月1日，第三号文件，8号档案室。

② 调查报告并无任何夸张之处，因为其他渠道后来也陆续证明了报告中描述的华工状况。

须在合同工期期满的两个月内选择重续合约或离开古巴（Departamento de Guerra de los EE.UU., 1900）。

华人向古巴的移民逐渐减少，其中的原因有许多，但是以下一些因素值得我们重视：

（1）奴隶制被禁止，这在很大程度上是因为人道主义组织的努力以及后来英国禁止了国际奴隶贸易。

（2）从奴隶命运中解放出来的古巴黑人和有色人种的劳动意愿。

（3）黑人天生的耐热带气候的体质。

（4）虐待劳工引发的经常性的起义。

（5）非人道的劳作条件以及无数的暴力行径。

（6）成千上万的华人参与了古巴独立战争，尤其是十年战争。

（7）西班牙当局对华人的种族歧视。

（8）由于中国官方的离岸限制以及登陆古巴时的口岸限制，在古巴的中国女性数量稀少。

1873 年从澳门出发前往古巴的 6709 名签约华工是最后一批官方派往古巴的苦力。之后几年到达古巴的中国人越来越少。1877 年 12 月 31 日，岛上共有 43 811 名苦力（Departamento de Guerra de los EE.UU.，1900），这大约是有史以来在古巴的中国人人数最多的时候了。1899 年，这个数字下降到 14 863 人。鉴于只有很少数的中国人回到了位于中国的家乡，这种人口数量的剧减可能是因为严酷的劳作条件所导致的高死亡率。

具体的移民情况如表 3 所示。

表 3　从墨西哥移民来到哈瓦那的中国移民情况

年份	人数
1856	2253
1857	6753
1858	8913
1859	7695
1860	5773
1862	852
1863	2922
1864	4469
1868	8835
1869	4124
1870	1064
1871	5706
1872	8045
1873	6307

资料来源：Ferenczi & Willcox, I, pp. 926–928。

中国移民的法律背景

中国海外移民的法律背景与英国废除奴隶交易的法案（1807 年废除奴隶交易法案）以及废除奴隶法案（1834 年 8 月 1 日颁布的解放黑奴法案）有直接的关系（Thomas，1998）。在 1807 年和 1834 年，西班牙鉴于日益增大的英方压力，于1817年9月签署了条约，加入英国反对国际黑奴贸易的行列。1819—1821年，英国和西班牙在西非英属殖民地塞拉利昂建立了混合法庭（Tribunal mixto anglo-español de Sierra Leona），以强化废奴行为，并推动彻底禁止这项贸易（Arnalte，1985）。从西非进口到西班牙殖民地，尤其是到古巴的奴隶贸易并没有立刻停止，甘蔗种植园的庄园主和地主们仍然在秘密进行这一交易，在这些种植园里奴隶的存在是司空见惯的。对于这些农场主来说，这些法律禁令引发了持续且严重的后果，使得蔗糖制造的成本上涨，并造成市场和客源的流失。黑奴交易的不合法、奴隶劳工黑市价格的上涨、蔗糖成本的增加以及市场的流失，这一系列因素促使这些蔗糖业的业主们开始进口劳工。

此外，西班牙政府和清政府还签署了一系列具有历史意义的条约。1864年，西班牙和中国签署了贸易和友好协议，通过这一协议把将中国劳动力引入西班牙殖民地尤其是古巴的劳工合同合法化。1874年10月22日，中西政府签署了一份关于华工的合约。1877年，第二份关于古巴华工的合约颁布，合约规定了苦力的生活和劳动条件标准。1883年，最后一批苦力合同到期。在那之后，在古巴的华裔主要是这批华工的混血后裔。

虽然最初许多苦力希望在8年工期结束后返回中国，但是大部分人最后还是在古巴永久定居了下来。在古巴定居下来的华人还包括从美国逃亡来的5000华人移民，他们因为无法忍受1852年的排华法案导致对华人的歧视而出逃到古巴。由于华工的辛勤劳动，1850—1868年，古巴蔗糖业发展翻了三番，这使得古巴成为世界上最大的蔗糖生产地。

古巴的中国人主要居住在城里。在哈瓦那，许多中国人居住在中国城，哈瓦那的中国城是拉丁美洲最古老规模最大的华人社区之一。华工用辛勤劳动攒下的一分一毫在中国城开起了杂货店和小餐馆。最初一批华人商店于 1858 年开张。

第二拨华人迁往古巴的移民潮是来自美国。在 1848—1873 年的这四分之一个世纪内，前往美国的移民数量差不多和前往古巴的相当。那些前往美国的华人多是被北美大陆太平洋沿岸的金矿所吸引，到 1848 年，美国华工人数剧增，主要是因为美国跨大陆的大铁路工程中艰难的高山路段需要劳动力。

19 世纪 60 年代末到 70 年代初，淘金能让人随时发大财的梦想渐渐破灭。1869 年，美国大铁路得以完工，这宣告了美国崛起成为太平洋沿岸的强国。1873 年美国爆发了严重的经济危机，这场危机加剧了对华人的种族歧视及暴行，美国也在同时出台了一系列排华法案。歧视黑人和中国人的种族主义日趋严重。由于 1865—1875 年恶劣的社会经济状况，大约有 5000 名中国人从美国来到了古巴，大部分人途经墨西哥或者从新奥尔良的港口出发。这些华人在古巴被叫作“加利福利亚人”，他们中大多数人的社会阶层和这些在农场里劳作的中国农民以及来自中国农村或者城市的劳工不同。这些“加利福尼亚人”主要来自广东，大部分是商人，有些人在中国大陆、香港，以及美国有重要资产。由于他们的到来，古巴的中国城开始变成北美第二大的华人商业和银行业中心，仅次于旧金山的中国城。第一家在古巴成立的华人社团叫结义堂（Kit Yi Tong），成立于 1867 年。

华人参与古巴独立

古巴独立史上很重要的一章是由4000名中国人书写的，他们参加了古巴的爱国革命力量，共同对抗西班牙殖民军。十年战争期间，在古巴爱国将领卡洛斯·曼努埃尔·德·塞斯佩德斯（Carlos Manuel de Céspedes，1819—1874年）的带领下，许多来自中国的士兵在被称为解放者的军队中获得了很高的职位和周围人的尊敬。在何塞·米格尔·戈麦斯（José Miguel Gómez）将军的队伍里作战的杰出华人代表包括中校何塞·布·塔克［José Bu Tack（Hu De）］和少尉何塞·多伦［José Tolón（Lai Wa）］。两人都参加过三场解放战争，为古巴人民战斗了十多年，并以此赢得了他们在这个新生独立国家的地位，他们的功勋被记入了1901年古巴宪法。除了这两位华人，这一荣誉只授予了另外两位出生在古巴之外的士兵：出生在多米尼加的将军马克西莫·戈麦斯（Máximo Gómez）以及出生在波兰的卡洛斯·罗洛夫（Carlos Roloff）将军。时至今日，古巴人民依旧感恩十年战争中以西班牙语名字参战的华人：弗朗西斯科·莫雷诺（Francisco Moreno）、胡安·迪亚斯（Juan Díaz）、克里斯比尼克（Crispinico）、巴勃罗·希梅内斯（Pablo Jiménez）、坦克雷多（Tancredo）、巴尔托洛·费尔南德斯（Bartolo Fernández）、长·多伦（Siam J. Tolón）和安内拉伊（Anelay）等人。

在古巴的十年战争中，成千上万人加入了解放的大军。一份在瑞士出版的爱国士兵资料显示，中国士兵作战勇敢、忍饥挨饿、将鲜血洒在古巴大地上，许多人最后被俘甚至被西班牙殖民者杀害。战报上记录了成百上千中国人的英勇事迹。1874 年，解放者军队中有 2000—7000 名士兵是中国人，后方也有大致相同数目的中国人。他们在革命队伍中组成自己的方队，并且赢得了英勇善战的美名。

第一次独立战争中最著名的一场战役在历史上被称为“中国人的进攻”。1873 年，在安东尼奥·马塞奥（Antonio Maceo）的领导下，一支包括许多中国士兵在内的英勇的古巴作战方队，插入了东古巴的曼萨尼略城，受命进攻西班牙军队的后防线。后来，在 1898 年美西战争中，许多加利福尼亚来的中国人加入了古巴解放者的军队。中国人的英勇事迹被古巴人民铭记在心，在哈瓦那海滨大道的 L 那条街和 Línea 那条街交叉路口的公园里矗立着一座古巴华人纪念碑，碑文是由何塞·马蒂（José Martí）的同伴冈萨罗·德·格萨达（Gonzalo de Quesada，1868—1915 年）题写的：“没有一位古巴的华裔士兵当逃兵，也没有一位古巴的华裔士兵当叛徒。”这一铭文增加了古巴人民对中国人的尊重，也挑战了许多古巴人对中国人的种族歧视。

古巴历史上也同样记录了许多中国医生的光荣事迹。在古巴独立战争中做出了突出贡献的古巴最著名的中国中医是胡安·查姆·博姆·比亚（Juan Cham-Bom-Biá），他从中国移民来古巴时名字叫陈本庞（Chang Pon Piang），古巴人根据发音称他作 Cham-Bom-Biá；另一个参加了古巴十年战争的中医叫黄僧［Liborio Wong（Wong Seng）］，他曾经是莫德斯多·迪亚斯（Modesto Díaz，1826—1892 年）将军的上尉助手并且在巴拉瓜守卫战（1878 年 3 月）中和安东尼奥·马塞奥（Antonio Maceo，1845—1896

年）将军的队伍协同作战。另外一位在古巴独立战争中发挥了重要作用的中国英雄是何塞·布·塔克（José Bu Tack），他在独立战争中声名鹊起以至于人们将他视为古巴独立后的总统候选人之一。

19 世纪因美国排华法案逃到古巴的中国人大约有 5000 人。20 世纪初，中国的社会动荡，战争频发，成百上千的中国人自愿来到古巴。在美西战争中，许多从美国来的华人加入了美军，为古巴脱离西班牙殖民统治而战。1911 年，海军舰艇“海圻号”代表中国政府登陆哈瓦那港口。这场访问空前成功，它增进了哈瓦那中国城的生机和活力，也代表华人社区要迎来一个崭新的时期——中古关系大发展的时期。古巴政府和哈瓦那人民对中国代表的迎接是空前的，甚至对于那些非亚裔的古巴人来说也是轰动的。这次历史性的来访直接促使了 20 世纪 20 年代 30 000 中国男性从广东移民古巴。

20 世纪享誉全球的华裔古巴医生

20 世纪古巴有两位杰出的华人医生兄弟，他们是伊斯雷尔·卡斯特利亚诺斯·冈萨雷斯（Israel Castellanos González）和奥古斯丁·卡斯特利亚诺斯·冈萨雷斯（Agustín Castellanos González），他们的祖辈是一位广东农民，于 19 世纪中后期来到古巴。

伊斯雷尔·卡斯特利亚诺斯·冈萨雷斯（1891—1977 年，生于哈瓦那）是著名的维也纳生物犯罪学协会的首位拉丁美洲国家成员，他还是古巴牙科法律协会荣誉会员及国家个人身份鉴定内阁领导。著名的刑法学家希梅内斯·德·阿苏亚（Jiménez de Asúa）称他为“身份鉴定魔法大师”，因为他同费尔南多·奥迪斯（Fernando Ortiz）在古巴犯罪家谱学领域合作揭开了古巴社会一些扑朔迷离的犯罪真相，同时开辟了这个新兴的交叉科学领域，这一领域在犯罪学研究方面继续产生影响。他的主要著作包括《通过犯罪学》（*A través de la criminología*）（1914 年）、《罪犯的颚骨》（*La mandíbula del criminal*）（1914 年）、《关于黑人罪犯的研究》（*Contribución al estudio del hombre negro delincuente*）（1915 年）、《黑人文化中的蝎子》（*El alacrán en los negros*）（1915 年）、《监狱人类学服务》（*El servicio de antropología penitenciaria*）（1916 年）、《警方保存和包装证据技术操作指南》（*Instrucciones técnicas a los funcionarios policíacos acerca de la salvaguardia y embalaje de las piezas de convicción*）（1921 年）、《古巴女性犯罪》（*La delincuencia femenina en Cuba*）（1929 年）、《指状痕的年龄判定》（*La edad de las impresiones digitales sangrientas*）（1922 年）、《古巴罪犯代号》（*El apodo de los delincuentes de Cuba*）（1926 年）、《有色人种族群退化的体征》（*Los estigmas somáticos de la degeneración. Su apreciación en las razas de color*）（1927 年）、《皮肤返祖体征》（*Estigmas atávicos en dermopapiloscopía*）（1955 年）等等。

伊斯雷尔的弟弟奥古斯丁（1902—2001 年，生于哈瓦那）因为其在心血管造影、上腔静脉造影、下腔静脉造影以及逆行主动脉造影方面的研究和成就，被称为心脏血管学之父。他的研究能够探测出许多其他方法无法发现的心血管异常。1938 年，他发现了第一个心血管实际检测方式来评估先天性畸形，他设计了第一个自动注射器，他在主动脉的逆行注射研究方面也是先驱。他的不计其数的著作收录了他的各种重要研究成果。因为他的卓著的贡献，他也是古巴曾经获得过诺贝尔生物学和医学奖提名的四位医生之一。

20 世纪华裔古巴革命家

1912 年，为了庆祝孙中山的胜利和中华民国的建立，在哈瓦那的主要街道上展出了华裔古巴人的革命成就。许多位古巴华裔参加过反对独裁者索莫查（1925—1933 年）的斗争，其中最为突出的是何塞 · 黄（José Wong），他于 1930 年在监狱中被索莫查的秘密代表杀害。

1960 年华侨社会新民主主义同盟（之后改名为古巴华侨社会主义联盟）在古巴成立，两位最初的主席分别是曼努埃尔 · 路易斯（Manuel Luis，1959—1968 年）和胡里奥 · 苏棱（Julio Suleng，1969—1974 年）。另外一些重要革命军将领还有准将古斯塔沃 · 崔 · 贝尔特兰（Gustavo Chui Beltrán）以及他的表妹艾玛 · 罗萨 · 崔 · 阿尔瑙（Emma Rosa Chui Arnao），他们并肩作战对抗独裁者巴蒂斯塔将军。许多古巴人民仍然记得上尉丹尼尔 · 洪（Daniel Hung）的革命事迹，他在卡斯特罗身边作战，革命胜利后，他被任命为海军副部长。此外，还有许多华人在古巴革命斗争中做出了杰出的贡献，卡斯特罗革命胜利后，他们在内政部以及国防部担任了重要职位。

古巴华裔在社会主义革命时期所起的重要作用影响至今。时至今日，他们中的许多人在古巴社会各行各业担任重要职位，还有一些在政府部门任职。古巴中央委员会、古巴共产党政治局、古巴革命军队以及农民、工人、妇女、学生等群众组织中也有许多华裔古巴人。他们身上都有明显的中国烙印。中古友好协会会长摩西斯·黄（Moisés Sío Wong）将军出生在古巴，父母来自广东郊区一个村子。玛丽–阿丽斯·沃特斯（Mary-Alice Waters）——Pathfinder 出版社社长——经常开玩笑说，自己如果是一件衬衫，领子上的标签上一定写着："原材料产地中国，古巴制造。"

中古革命情谊

中国人在古巴的革命民主经历和地位来自他们持续不断的革命斗争，在这个过程中，华人在这个国家的重大历史事件中占据了重要的位置，包括：古巴独立，反独裁，社会主义政府的提出、成立以及巩固。但是，1959 年许多华裔资本家离开古巴前往美国定居，尤其是到佛罗里达；与此同时，还有一小批华人去了多米尼加共和国或者加勒比和拉丁美洲的其他国家。前往美国的许多华人是当初排华期间从加利福尼亚来到古巴的华人的后代。古巴华人的离开在很大程度上影响了位于首都正中心的哈瓦那中国城。

在 20 世纪 50 年代末和 60 年代初，中国向古巴的移民呈明显下降趋势，直到最后完全停止。大量加利福尼亚华人以及中上层华人纷纷去了美国以及其他国家。90 年代中期，哈瓦那中国城推广组织（Grupo Promotor del Barrio Chino de La Habana）成立，一些古巴华人以此聚在一起拯救他们的传统，这一行动很大程度上促进了中古关系的改善。中国在 21 世纪开始成为继委内瑞拉之后古巴的第二大商业伙伴。

世界著名的古巴华裔艺术家和作家

许多古巴华裔在 20 世纪做出了全球闻名的成就。其中包括韦尔夫赖多・兰（Wilfredo Lam）、张连资和张逸仙（Lienz y Yat Sen Chang）兄弟、吉列尔莫・卡夫雷拉・因凡特（Guillermo Cabrera Infante）、塞维洛・萨尔杜伊（Severo Sarduy）、雷西诺・佩德罗所（Regino Pedroso）、洛乌尔德斯・卡萨雷斯（Lourdes Casals）。他们通过在音乐、文学和装置艺术等上的成就超越了 19 世纪的中国苦力，而他们的那些前辈终日在种植园里劳作或者合同工期结束后留在小村子里过着贫穷而艰难的日子。下面重点介绍前几位。

1. 韦尔夫赖多・兰

韦尔夫赖多・兰（Wilfredo Lam，1902—1982 年）是一位全球闻名的画家，被纽约现代艺术馆认为是全球最伟大的艺术家之一。他和毕加索、弗里达・卡罗、迭戈・里维拉以及各种不同流派的艺术家保持友谊，尤其是超现实主义异议小组 CoBrA。他于 1939 年在巴黎认识了安德烈・布勒东并且在 Fata Morgana[①] 的出版和插图工作中和玛塞拉合作，并且在布勒东的诗歌创作上与其合作。他曾经在克洛德·列维·斯特劳斯、安德烈·马松以及安德烈·布勒东的陪伴下在马提尼克岛旅行，在他 1941 年返回哈瓦那的途中，他受到了卡尔·荣格理论的强烈影响。1942 年末，他开始创作重要作品《丛林》(*La Jungla*)(1943 年)，他的这幅代表作将超现实主义、立体主义以及加勒比精神和形式完美地结合在一起。1948 年，他认识了丹麦画家、雕塑家、作家埃斯格·杨（Asger Jorn，1914—1973 年），后者是先锋派运动 CoBrA 的创始人，两人建立了长期的友谊。1964 年，他获得了古根海姆奖。1966—1967 年，在巴塞尔美术馆、汉诺威的克斯特纳博物馆、阿姆斯特丹市立博物馆、斯德哥尔摩的当代美术馆以及布鲁塞尔美术馆为他举办了数场画展。兰获得了无数的古巴国内以及国际的奖项，他的作品被世界各大博物馆收藏。虽然他受超现实主义和立体主义的影响，但是他有自己鲜明的风格并且提出了自己的绘画主张，古巴的文化融合和他本人的特色也赋予他许多艺术的灵感和力量。他的父亲是中国农民，母亲是刚果来的奴隶的女儿，他的装置艺术中融合了双方的影响。他以自己的东方文化传统为荣，对哈瓦那的中国城产生了浓厚的兴趣。他在画布上所表达的种族融合的形象是独一无二的。尽管他最擅长的艺术表现方式是油画，但他也从事各种雕塑，如陶塑和浮雕等。

---

① Fate Morgana 在意大利语里是“幻象”的意思。这个名称来自“摩根勒菲”（Morgan Le Fey）——也叫仙女摩根娜——的名字，传说中她是亚瑟王同母异父的姐姐，是一位会幻形的仙女。随着时间的推移，她渐渐被赋予了各种象征意义，其中包括危险的变形和空间意象的无序。

2. 张连资和张逸仙兄弟

张连资和张逸仙兄弟俩是闻名全球的古巴华裔芭蕾舞演员。

哥哥张连资（Lienz Chang），从 18 岁开始在古巴国家芭蕾舞团崭露头角，他至今仍然供职于该芭蕾舞团。他成功演出过舞剧《吉赛尔》《天鹅湖》《葛佩莉亚》《堂吉诃德》《亚瑟王》《普罗米修斯》《哈姆雷特》，他曾经是古巴芭蕾女王阿莉西亚·阿隆索（Alicia Alonso）连续七年的舞伴，后来他去了马赛国家芭蕾舞团，成为著名的法国编舞罗兰·贝蒂（Roland Petit）的左膀右臂。之后，他被任命为米兰斯卡拉（La Scala）歌剧院芭蕾舞团的舞蹈教师，负责编排《浪子回头》《罗密欧与朱丽叶》《玛侬的故事》《叶甫盖尼·奥涅金》《天鹅湖》等等，许多世界知名的舞蹈演员参加过他排演的舞剧。1989 年，他和阿隆索合作在莫斯科大剧院表演了《被遗弃的狄朵》。双方在爱丁堡国际文化节继续合作，陈连资在爱丁堡获得了评论大奖。1992 年，他成为首席舞蹈演员，并且收到邀请参演《吉赛尔》《天鹅湖》《堂吉诃德》《睡美人》《葛佩莉亚》《灰姑娘》等。此外，他还和阿隆索一起跳过《俄狄浦斯王》；和鲁道夫·努列耶夫（Rudolf Nureyev）合作演绎过阿尔贝托·门德斯（Alberto Méndez）的《爱情和大海的诗歌》。

张逸仙（Yat Sen Chang，1970—，生于马坦萨斯）也加入了阿隆索领导的古巴国家芭蕾舞团并且参加过许多国际大奖赛。23 岁时，他受聘成为英国国家芭蕾舞团的首席舞蹈演员，主演的经典作品包括《葛佩莉亚》《睡美人》《罗密欧与朱丽叶》《天鹅湖》《练习曲》《堂吉诃德》《园丁的女儿》《三剑客》《爱丽丝梦游仙境》《灰姑娘》《白雪公主》。他的女儿奥利维亚·张（Olivia Chang）后来也成为英国国家芭蕾舞团的首席舞蹈演员。他有另外一个鲜为人知的特长——歌剧男中音，这让他有机会和古巴音乐界一些大师同台演出。他的妹妹卢梅·张（Lumei Chang）是古巴职业舞蹈中心一位成功的教师和舞蹈演员。

3. 吉列尔莫·卡夫雷拉·因凡特

古巴华裔作家吉列尔莫·卡夫雷拉·因凡特（Guillermo Cabrera Infante，1929—2005 年），西班牙加那利群岛和中国广东人的后裔，他从年轻时就和古巴著名作家尼古拉斯·纪廉以及阿莱霍·卡彭铁尔有来往。1959 年古巴革命成功之后，他被任命为古巴文化顾问部主任、古巴电影学院院长以及《革命日报》(现在的《格拉玛报》)的副主任，负责文学副刊——《革命的星期一》。但是 60 年代之后他和政府的关系日渐恶化，他被认为矛盾地结合了超现实主义和托洛茨基主义。之后他被迫流亡伦敦，1968 年他在伦敦出版了《三只忧伤的老虎》，讲述了 1958 年三个年轻人在哈瓦那的夜生活，这部作品的语言特色是结合了古巴的口语并引用其他文学作品典故，同时还加上大众影视和音乐元素。20 世纪 70 年代初期，他在好莱坞扎根，致力于撰写影片台词。他于 1997 年和 2003 年分别获得塞万提斯奖、克里斯托弗·戈勃朗（Cristóbal Gabarrón）基金会国际文学奖。

4. 塞维洛·萨尔杜伊

著名的古巴作家塞维洛·萨尔杜伊（Severo Sarduy，1937—1993 年）的华裔祖先是从澳门来到古巴的。他在诗歌、小说、文学评论以及新闻写作领域都有杰出的成就。他的艺术风格受雷萨马·利马（Lezama Lima）和卡夫雷拉·因凡特影响，虽然他和巴黎围绕在《如此》（*Tel Quel*）前卫文学杂志周围的艺术团体也有接触。他出版过小说《这些歌手来自哪儿》（*De dónde son los cantantes*）（1967 年），这部小说分为三个故事，每个故事中都有三个人物分别展示古巴文化中的三个不同方面（非洲的、中国的和西班牙的），最后描述了一个在认同方面多元化的哈瓦那。1972 年，他以小说《科布拉》（*Cobra*）获得了美第奇国际奖。古巴革命成功后，他给《自由日报》以及《革命的星期一》撰稿；1960 年，他前往巴黎学习艺术史，之后再也没有回到自己的祖国。在法国首都，他和法国从事 *Tel Quel* 杂志创作的思想家和作家交往，当塞伊出版社（Editions du Seuil）的审稿人，并且给法国电视和广播电台写稿。他是古巴 20 世纪最伟大的作家之一，他的主要作品包括 *Gestos*（1963 年）、*Cobra*（1972 年）、*Maitreya*（1978 年）、*Colibrí*（1983 年）和 *Cocuyo*（1990 年）。

跨种族通婚

由于古巴的中国女性移民稀少，从 19 世纪开始，一代又一代的古巴华人男性和当地黑人、黑白混血、印黑混血以及白人通婚。时至今日，可以说古巴所有的华裔都带有西班牙和非洲血统。大部分华人的姓氏中母姓或者是父姓或者父母双方的姓氏都带有西班牙语。21 世纪的古巴华人从种族和文化上都是混血的，他们的饮食、手工艺品、戏剧、歌剧、音乐等等方面都表现了多种族特征。语言上也受到中国文化影响，就像赛尔希奥·巴尔德斯（Sergio Valdés）在《国家语言和认同》（*Lengua nacional e identidad*）一书中指出的那样，古巴许多民间表达带有中文的影响，还有一些名字中包含诸如中国橘子、中国菜豆、中国调料等等。中国文化在古巴的影响深远，尤其是音乐方面。古巴音乐史上的杰出华裔包括赫苏斯·李（Jesús Lí）、弗尔丁大师（el maestro Fortín）、胡里奥·雷伊（Julio Ley）、塞尔万多·阿拉古（Servando Aragó）、奥布度里奥·莫拉雷斯（Obdulio Morales）等等。

中国人在秘鲁

历史沿革

欧洲文学中的中国主题在很大程度上受马可·波罗作品的影响，同时也与伏尔泰、康德以及其他一些有影响的作家对中国的正面描述相关。在拉丁美洲，鲁文·达里奥（Rubén Darío）、胡利安·德尔·卡萨尔（Julián del Casal）、胡安·何塞·塔布拉达（Juan José Tablada）等一些现代主义诗人对于亚洲的艺术描绘也大体公正。但是，在秘鲁，描述中国的文字并非总是正面的。这些艺术作品中经常能看到对中国的误解和偏见。例如，文章《宽哲的疑惑》（*La incertidumbre de Kuang-Tseo*）就充满对中国的偏见；曼努埃尔·冈萨雷斯·普拉达（Manuel González Prada，1844—1918年）的一些诗句以及他的作品《第欧根尼的酒桶》（*El tonel de Diógenes*，González Prada，1985）中的第101和137条见解对中国就带着仇视和嘲讽，尽管普拉达也不时在报纸*Los Parias*上发表对中国有利的文章。佩德罗·马努埃尔·尼古拉斯·帕斯·索尔丹（Pedro Manuel Nicolás Paz Soldán）［笔名胡安·德·阿罗纳（Juan de Arona），1839—1895年］

以及其后的一些秘鲁作家对中国也带有类似矛盾的态度。这些作家包括马克思主义者何塞·卡洛斯·玛丽亚德古伊（José Carlos Mariátegui，1894—1930年）以及实证主义者何塞·迪耶斯·坎塞古（José Diez Canseco，1904—1949年）（Arona，1971；Chang-Rodríguez，1983a；Diez Canseco，1934）。第一部关于秘鲁中国移民的小说《努雷尔丁－康》（*Nurerdín-Kan*）匿名发表在《秘鲁邮报》（*El Correo del Perú*）上，1872年1—7月这部小说占据了26期的篇幅，它对于中国移民形象的描述也同样存在前后矛盾之处。阿尔贝托·卡乌罗·德尔·比诺（Alberto Tauro del Pino）认为作者应该是特立尼达·曼努埃尔·佩雷斯（Trinidad Manuel Pérez）。

那么，到底应该如何解释这种对于中国的矛盾态度呢？我认为，对华裔秘鲁人历史的模棱两可的态度与19世纪中期在秘鲁曾经进行的苦力交易密切相关。

共和国时期的中国移民

继第一批菲律宾华裔登陆西属秘鲁殖民地之后，中国对秘鲁共和国的第二波移民潮始于1849年，部分原因如下：

（1）在秘鲁共和国于1821年宣布独立后的最初几十年里，秘鲁全国的财政预算主要来源于关税（40%）以及对印第安人征收的税（30%）。

（2）1845年，出口当肥料用的鸟粪带来的收入超过其他收入的总和，1854—1855年这项收入占全国总收入的50%，到1861—1862年其占比达到 80% 之多。

（3）鸟粪业的兴盛以及秘鲁海岸致力于出口的农业也发展起来了，而与此同步的是黑奴的解放以及“劳动力匮乏”问题的日益尖锐。

所谓的劳动力匮乏是一些农场主委婉的说法，指的是奴隶、用人以及廉价劳工的缺乏，而不是指当时大量存在的美洲印第安人劳工的匮乏。这时，秘鲁很有影响力的大庄园主多明戈·埃利亚斯（Domingo Elías）以及胡安·罗德里格斯（ Juan Rodríguez）从秘鲁国会获得了由国家资助的独家转移中国劳工的特权，他们就此向利马输入中国劳动力，这项贸易就像同一时期在加勒比尤其是在古巴的苦力交易一样，获得的利润惊人。

19 世纪，中国的社会经济状况所造成的中国人民的离心力也促成了历史上这悲惨的一幕的发生。促成中国南方大规模向外移民的原因包括鸦片战争（1840—1842 年）以及太平天国运动（1851—1864 年），太平天国运动造成超过 2000 万人口的死亡。1848 年以后的地方起义此起彼伏，造成南方包括广东和广西诸地成百万农民的流离失所。这些农民为生活所迫不得不背井离乡，他们中的许多人成为美国和澳大利亚的苦力，同时也有一些农民不幸被输入古巴、加勒比的其他国家、秘鲁、巴西和美洲其他国家，去从事半奴隶状态的劳作。

这些贩卖人口的小船是名副其实的漂荡在海上的地狱。狭隘黑暗的空间、糟糕透顶的食物、残酷的惩罚措施，以及肮脏的卫生环境所导致的疾病，种种这些使得跨越重洋的漫漫长路变成了但丁描述的地狱一般的经历（Chang-Rodríguez，1958）。华特·斯特伍德（Watt Stewart）描述过这些海上经历及惊人的死亡率（Stewart，1951）。例如，1850 年 740

名从中国来的苦力中死亡人数就多达 247 人（超过 33%）。在 446 吨重的“企业号”（Empresa）帆船上，从厦门运送了 323 人到秘鲁卡亚俄海港，在 114 天的海上行程中，有 77 人死亡，大约占总数的 24%（Arona，1971；Bradley，1942）。

19 世纪下半叶，在海上长途漂流中幸存下来的 9 万名中国苦力到达了秘鲁，他们中的 90% 都在甘蔗、棉花以及稻米种植园中劳作；剩下的人从事鸟粪收集、铁路建设、家政以及公共作业。秘鲁人类学家埃米利奥·周（Emilio Choy，1916—1976 年）是位出生在秘鲁的土生华裔（在秘鲁被称为 tusan），尽管他并不喜欢 tusan 这个“嫁接”的名字，他研究过在秘鲁的中国苦力是如何促进了秘鲁社会发展的方方面面，其中包括在庄园主的资本扩张过程中，他们建构了新的文化模式、降低了鸟粪收集的成本、提高了农业的产量并参与了铁路建设（Choy，1954）。同时，洪堡·罗德里格斯·帕斯托（Humberto Rodríguez Pastor）也强调了中国劳工是如何成为农业发展的主要推动力，以及由于苦力辛苦劳作带来了农业的大丰收后，农场主引进了先进的蒸汽机车来收割棉花、制糖（Rodríguez Pastor，1989）。幸运的是，1874 年 6 月 26 日在天津签署的中秘友谊和商贸合约正式结束了苦力贸易，鼓励自由和自愿移民，也派遣调查团到秘鲁。1889 年清朝兵部郎中傅云龙出访秘鲁，他访问了利马和皮斯科。在他提交的详细的政府报告中有这么一句话：“著名的皮斯科酒就产自这里。”（Gutiérrez，2014）这句话记载了秘鲁最有名的酒类产地。

苦力们除了在庄园和岛屿上收集鸟粪的悲惨经历之外，他们最终都去了哪儿？完成 8 年甚至更长的合约之后，成千上万的苦力在他们劳作过的庄园附近的村庄和城市定居下来；还有一些在南美太平洋战争（1879—1883年）结束后，转成了种植庄园里承包小块土地的佃农，还有一些在山区及森林里定居；但是，他们中绝大多数最终从事了商业——在全国的各个角落设立了基金、开起了商店、从事着小规模工业活动。1876年秘鲁人口调查结果显示，共有5万“亚洲人口”，一半人生活在利马，其中日本人只有15位。

20世纪，中国向秘鲁的移民经历跌宕起伏，原因包括秘鲁以种种借口通过了各种带歧视性的移民法令。比如说，1948—1956年，在曼努埃尔·阿图罗·奥德里亚·阿莫雷蒂（Manuel Arturo Odría Amoretti）将军的独裁政府统治下，通过了关于限制亚洲人进入秘鲁的歧视性政令，同时也要求暂居在国外学习或工作的华裔秘鲁人（包括那些出生在秘鲁的华裔）返回秘鲁[①]。在20世纪六七十年代以及90年代末期，许多从香港和澳门来的中国人出于政治原因来到秘鲁。此外，还有从中国大陆和台湾来的中国移民，以及东南亚国家的华裔——包括马来西亚、印度尼西亚和新加坡华裔。许多印度尼西亚和马来西亚华人在经历了所在国的排华浪潮后来到秘鲁。华裔移民以及他们的后代占秘鲁总人口的比例超过10%，这构成了亚洲之外最大的华裔社区。尽管有种种负面的历史记录以及歧视，但根据《中国建设》杂志1987年2月的报道，1982年在拉丁美洲100%纯中国血统的华人超过23万人；光巴西一个国家就超过10万人，“秘鲁籍华人”接近4万：是巴拿马华人的2倍；是厄瓜多尔、阿根廷或者委内瑞

① 关于议员卢西亚诺·卡斯蒂略如何揭露秘鲁歧视华裔的文章，参见1954年9月29日利马《商报》文章《议院》；1954年9月29日利马《国家报》文章《议会》；1954年9月29日利马《记事报》文章《陈汉基博士进入秘鲁的申请》。同时还有1956年11月11日利马《新闻报》文章《奥德里亚的任性使得许多亚裔的后代无法取得秘鲁国籍》。

拉华人数量的4倍。1998年，中国驻秘鲁领事和一秘万友志（音译，Wan Youzhi）认为在秘鲁生活的每10万华人中大约有2万保留了中国国籍，剩下8万已加入秘鲁国籍。此外，他认为历史上的七代华人留下了大约120万个后代。在21世纪的今天，据估计大约每10个秘鲁人中就有一个带中国血统（Lausent-Herrera，2009b）。其他官方资料给出的数字更高，认为在秘鲁，600万人有中国血统，相当于秘鲁全国总人口的20%。

根据历史记录，华人在铁路系统劳作过，也对亚马孙森林的发展做出过不可磨灭的贡献，他们还从事过橡胶业的开发、金矿的开采、大米的种植，开办过大型商业。华人的贡献在亚马孙雨林地区尤为突出，尤其是在伊基托斯（Iquitos）地区。

融入秘鲁社会

秘鲁华人和全世界其他地区的华人一样，有过艰难谋生的经历。玛丽·福库莫多（Mary Fukumoto）认为，秘鲁华人融入当地社会的程度要远低于欧洲移民，但是要远高于日裔移民（Fukumoto，1986）。通常来说，大部分出生在中国的华裔移民最初都倾向于传统而保守，固守着中国的传统文化以对抗当地社会的敌意和种族主义。但是，随着他们在新环境的时间日久，他们对于新文化的抵触情绪也日渐淡漠。在秘鲁出生的华裔则更快地融入当地社会中，他们信奉天主教并鼓励他们的后代们接受新文化。他们中的许多人由于上一代的跨种族婚姻（许多人的母亲是中国人）或因为父辈皈依了基督教而使用西方姓氏。今天，华裔秘鲁人已经完全融入当地社会并认同秘鲁民族文化。

然而，在秘鲁这个多元文化的国家，华人或者土生华裔的自我认同还有待定义，这是个值得探讨的议题。难道这些出生在秘鲁的移民后裔，无论他们的族裔是什么，他们寻找自我认同的过程不饱含着对秘鲁民族文化的认同吗？什么是秘鲁人？难道印第安人、印欧混血、印黑混血以及住在森林里的土著居民们不是真正的秘鲁人？身为秘鲁人本身不就是对多元文化的认同吗？要回答这些问题，需要看看何塞·玛利亚·阿格达斯（José María Arguedas）是怎么评价秘鲁的："不，再也没有其他任何国家在地貌和人种上比秘鲁更多元化……这儿有所有的热度和色彩，有强烈的爱与恨，有种种的阴谋和微妙，日常生活中随处可见激发人们想象的种种象征和符号"（Arguedas，1976）。对于在各领域激发了种种偏见的跨种族"爱恨情仇"，没有人比阿格达斯表述得更确切。如果我们认为语言对于自我认同很关键，因为自我认同的基础直接关系着人类的本质，那么很明显，中国移民的自我认同及在秘鲁社会的被接纳是在南美太平洋战争（1879—1883 年）之后，因为这些年间发生的许多事情都被记录和描述下来，尽管带有大量偏见。从前，华人移民通常对西班牙语都不熟练。这一缺陷严重地制约了他们和当地社会及其他秘鲁人的联系。但是，随着他们语言能力的提高以及他们后代在秘鲁的出生，跨种族纽带明显加强，仇视的情绪日益减轻、友谊的纽带也渐趋牢固。

现在，许多在秘鲁之外出生的华裔都会双语，他们也保留了自己的传统文化以及民事机构（包括互助社团以及中小学校和各种华裔街区组织）。家庭的概念在华裔中根深蒂固，华裔家中东方特色的装饰也普遍可见：刺绣画以及瓷器和用具无一不表达着主人对祖先特色文化的兴趣。此外，男权社会、纪律、约束以及对长辈权威的尊重随着一代又一代的成长而日渐式微。从两次世界大战以来，只有很少人自称信佛或者还祭拜祖先，大部分秘鲁华裔皈依了基督教。在寻找自我认同的过程中，他们创建了许多文化、商业以及社会组织。其中最活跃的包括以下会馆：番禺会馆（Pun Yui）、中山会馆（Chung Shan）、台山会馆（Toy Shan）、南海会馆（Nam Joy）、古冈州会馆（Cu Con Chau）、同陞会馆（Tong Sing①）和隆善社（Lung Sin Sea）。利马有两份中文日报以及一份双语杂志传递着文化信息和新闻②。

在秘鲁出生的华裔大都融入当地社会。然而，这个文化融入及认同当地多元文化社会的过程并未将他们同其祖先的古老文化割裂开来（Chuhue，Jing Na and Coello，2012）。他们保留了紧密的家族纽带，喜爱传统中华美食、历史以及哲学，并保持他们的俱乐部，比如中秘文化中心。该中心建立于 1981 年，在之后的 15 年中社会文化活动频繁。1996 年，在占地 25 公顷的秘鲁土生华人庄园，中秘文化中心成立了自己的分部并从其他的老协会［包括中秘商会、土生华裔协会（Tusan）、Lin Yi 协会 和 Lung Buy 协会，以及于 1920 年在米拉弗洛雷斯（Miraflores）成立的利马华侨体育会（Tayouk club）等］中吸收了更多的成员。华裔通过职业化进程而改善的经济地位有效地减轻了针对他们的种族以及社会歧视。在第一次世界大战时

① 官方拼法应为 Tong Shing。——译者注

②《民醒日报》（*Man Shing Po*）是秘鲁最古老的中文日报之一，创立于 1917 年；双语报纸《东方月报》（*Oriental*）是阿尔弗雷多·陈光（Alfredo Chang Kwan）以及加夫列尔·阿加特（Gabriel Acat）堂兄弟两人于 1931 年在利马创立的。

还处于社会底层的华裔，到第二次世界大战结束时，他们的社会经济状况已经得到极大改善。

文学、科学以及其他领域中的秘鲁华裔

许多学者认为，秘鲁华裔尤其是出生在当地的华裔，对秘鲁的物质和文化发展做出了巨大的贡献。其中一些人获得了世界性的认可，这些人包括：土著支持者佩德罗·苏廷（Pedro S. Zulén，1889—1925 年），马丁·海德格尔（Martín Heidegger）的学生、哲学家维克多·李·卡里略（Víctor Li Carrillo，1929—1989 年）；秘鲁美洲人民革命联盟党的创始人之一维克多·波拉伊·里斯科（Víctor Polay Risco）；胡安·巴布罗·陈·纳瓦罗（Juan Pablo Chang Navarro，1930—1967 年）是前美洲人民革命联盟党员，于法国受教育，在古巴接受培训，为了捍卫理想于 1967 年和切·格瓦拉一起牺牲在玻利维亚；上述中提过的埃米利奥·周（Emilio Choy）——一位自学成才的人类学家，20 世纪 60 年代和 70 年代影响了许许多多的秘鲁大学生；曼努埃尔·布尔加·迪亚斯（Manuel Burga Díaz，1942—），巴黎第一大学历史学博士，先后在法国、美国、德国、西班牙、厄瓜多尔和墨西哥的大学里当过客座教授，出版过许多重要著作，包括《贵族共和国的高潮和危机，1895—1930 年》（*Apogeo y crisis de la República Aristocrática，1895—1930*）[与阿尔贝托·弗洛雷斯·卡琳多（Alberto Flores Galindo）合著，1980 年出版]、《乌托邦的诞

生》(*Nacimiento de una utopía*)(1988年),以及《在秘鲁为何要学历史》(*Para qué aprender historia en el Perú*)(1993年)。布尔加·迪亚斯曾经是国立圣马尔科斯大学校长(2001—2005年)(Rodríguez Pastor,2001)。

其他还有许多秘鲁华裔在科学、技术、艺术(Baquerizo,1979)及政治和体育领域取得了杰出的成就。文学领域的杰出人物包括:文光(Kuan Veng,1900—),著作有 *Mey Shut*,一部充满寓言和隐喻的散文体诗集;萧锦荣(Siu Kam Wen,1951—)是数部小说的作者(Gazzolo,1986;Sandoval,1986);还有诗人恩里克·维拉斯特古意(Enrique Verástegui,1950—)和马里奥·黄(Mario Wong);小说家胡里奥·威诺瓦·陈(Julio Villanueva Chang)以及诗人和散文家恩里克·陈·罗德里格斯(Enrique Chang Rodríguez,1922—1999年);诗人黄水莺(Sui-Yun,1955—);等等。

在历史研究领域做出杰出贡献的华裔包括:剑桥大学的塞利亚·吴·布拉丁(Celia Wu Brading[①]),她也是菲力克斯·德内格里·卢纳(Félix Denegri Luna)和豪尔赫·帕萨德雷(Jorge Basadre)的学生,著有《英国人回忆的智利占领利马》(*Testimonios británicos de la ocupación chilena de Lima*)(1986年)。同时,在教育领域的优秀人才还有何塞·安东尼奥·陈·埃斯科贝多(José Antonio Chang Escobedo),他是圣马丁德波雷斯大学的校长、秘鲁前教育部长、部长委员会主席,他的父亲是政治领袖欧亨尼奥·陈·克鲁斯(Eugenio Chang Cruz,1930—1998

① 布拉丁的精彩自传《中秘童年,夹在两个世界之间》(2006年)以及他的《家庭回忆》(2006年)。

年），也是曼努埃尔·冈萨雷斯·普拉达大学校长、费德里科·比利亚雷尔大学学院院长、秘鲁宪法起草小组成员（1977—1978年）、众议院议员（1980—1985年）以及参议院议员（1985—1990年）。同样杰出的还有伟大的画家提尔萨·土屋（Tilsa Tsuchiya），其父亲为日裔、母亲为华裔；考古学家罗萨·冯·比内达（Rosa Fung Pineda）；化学家奥尔加·洛克·成·德·武贾斯（Olga Lock Sing de Ugaz）；医药领域的拉法埃尔·约克腾·本德苏（Rafael Yockteng Bendezú）；以及画家阿雷杭德罗·冈萨雷斯（Alejandro González）。在体育方面，必须要提到埃德温·巴斯克斯·甘（Edwin Vásquez Cam），1948年他在伦敦获得射箭世界冠军，这也是秘鲁在奥运会上获得的唯一一块金牌；埃蒂斯·黄（Edith Wong），他是20世纪60年代南美网球亚军；莫妮卡·李姚（Mónica Liyau），代表秘鲁参加国际乒乓球赛事。在劳工权利方面，应该提到两次世界大战期间的阿达尔贝托·冯科（Adalberto Fonkén），他也是维克多·劳尔·阿亚·德·拉托雷（Víctor Raúl Haya de la Torre）在工会以及劳工权利方面的老师。许多华裔秘鲁人打破偏见和阶层歧视在社会各领域内崭露头角，包括商业、工业以及政治方面：他们中的一些人当上了部长以及副部长，甚至成为1979—1993年的宪法起草小组代表、众议员和参议员；另外一些人从事教育事业，成为大学教授、院长、系主任；还有人成为高等法官、将军以及地方官员。

应该感谢加州大学默塞德分校的伊格纳西奥·洛佩斯－卡尔沃（Ignacio López-Calvo）教授，他著述的《秘鲁土生华裔文学及其他概况》（*Tusán Literature and Knowledge in Peru*）一书，资料翔实、信息充分。在他的另一部作品《龙翔神鹰大地：秘鲁华裔作品》（*Dragons in the land of the Condor: writing Tusan in Peru*）（2014 年）中，作者集中关注华裔秘鲁作家的各类出版物，赞扬华裔作家的巨大文学贡献，该作品也拓展了曼·林（Maan Lin）1997 年在哥伦比亚大学的博士论文《海外华裔作家：萧锦荣在秘鲁》（*Writers of the Chinese Diaspora: Siu Kam Wen in Peru*）的研究领域。贝阿特丽斯·卡萨雷斯－雷杜纳奥（Beatrice Cáceres-Letourneaux）的研究《萧锦荣的作品在利马》（*L'œuvre de Siu Kam Wen à Lima*）和《秘鲁华人社区的现实和想象》（*Réalité et imaginaire de la communauté chinoise du Pérou*）（1997 年）中也认为华裔对秘鲁文学做出了不可磨灭的贡献。

得益于洛佩斯－卡尔沃以及其他新近的汉学家们，长期以来被忽略的华裔主题今天得到了更多的关注和传播，我们也因此知道了更多秘鲁华裔的文化贡献，同时其他许多第一手和第二手资料也提供了更多关于 19 世纪以来秘鲁华裔状况的相关信息。秘鲁的种族歧视可以说是整个拉丁美洲最显著的，这逼迫着许多华裔和他们的后代将活动范围缩小在他们自己的区域内，与周围的社区完全隔离开。例如说，在利马，中国城始建于 1860 年，是继美国的旧金山市中国城[①]以及古巴哈瓦那中国城[②]之后西半球的第三个中国城。21 世纪的第二个十年以来，利马中国城囊括了卡彭街、帕鲁罗街以及周围的街道。在中国城中心地带矗立着中华通惠总局，是秘鲁华

---

① 旧金山的中国城是整个美洲最古老、面积最大、人口也最多的华人聚居区。它是 1848 年第一批中国苦力到达旧金山时建成的。目前，它位于旧金山市中心，长大约 1 英里、宽 1.34 英里。

② 哈瓦那的中国城始建于 19 世纪 50 年代。1635 年在墨西哥城开始建设一个中国城 (Dubs and Smith, 1942)。

侨的全国性机构，它是1886年清政府秘鲁公使郑藻如奉光绪皇帝圣旨成立的。附近不远处是三座中式小楼，分属三个不同的互助机构：古冈州会馆（Cu Con Chau）、番禺会馆（Pun Yui）和同陞会馆（Tung Sing）。和所有传统的中国会馆一样，在这些会馆里大家祭拜先祖并一起庆祝重要的传统节日，如新年、春节、婚庆、葬礼及其他民事事项等等。1981年，中秘文化中心并没有修建在利马中国城附近。

秘鲁最受欢迎的出版物有《公言报》（*La Voz de la Colonia China*）、《民醒报》（*Man Shing Po*），以及《中秘商报》（*Diario Comercial Peruano Chino*）。此外还有两份中西双语报刊——周报《侨报》（*Ch'iao Pao*）和月刊《东方月报》（*Oriental*）。

秘鲁华裔作家

佩德罗·苏廷（Pedro S. Zulén，1889—1925年）① 是秘鲁20世纪第一位伟大的华裔作家，他的父亲是一位广东商人、母亲是利马的克里奥尔人。他于1904年10月14日就在《新闻报》（*La Prensa*）上发表了他的第一篇文章。此后，他开始学习德语以阅读德国大哲学家们的原文作

① 根据卡洛斯·米利亚·巴雷斯（Carlos Milla Bares）编辑的《秘鲁15—20世纪历史和传记辞典》（*Diccionario histórico y biográfico del Perú, siglos XV-XX*）（第6卷，利马，1986年，第34页），苏廷（Zulén）这个姓原来应该写作宗棱（Zun Leng）或者苏棱（Su Leng）。我童年和青少年在利马的特鲁希略有位朋友叫阿贝拉多·苏廷 (Abelardo Sulén)，不知道他是不是佩德罗·苏廷的亲戚。

品，他也学习秘鲁的印第安语言克丘亚语，以便能够和印第安人交流并捍卫他们的权益。他在国立圣马尔科斯大学的科学系学习数学，之后又转入文学系。他还和同伴们成立印第安维权协会。他为报纸《秘鲁启蒙》（*Ilustración Peruana*）和《印第安维权报》（*El Deber Pro Indígena*）撰稿。1914—1915 年，他学习法律和政治并在一份叫《自主报》（*La Autonomía*）的刊物上发起一场轰轰烈烈的为地方政治和管理分权而努力的运动。《自主报》于同年 6 月 21 日由他创立，旨在推动反中央集权。

1916 年，苏廷来到哈佛大学修读哲学系研究生课程，但他随即就因患上肺结核而不得不回秘鲁休养。随后他在塞罗德帕斯科被捕，罪名是无政府主义和煽动农民起义。1920 年，他第二次来到哈佛大学修读图书馆学，1923 年回到国立圣马尔科斯大学中央图书馆担任临时馆长。他全身心投入大学图书馆的书目整理工作中，编辑出版了《图书馆公报》（*Boletín Bibliográfico*），还彻底重组了图书馆的机构设置，因此他也被认为是秘鲁图书馆学的创始人之一，也因此自 2002 年以后国立圣马尔科斯大学中央图书馆以他的名字命名。

苏廷的著作包括他在国立圣马尔科斯大学的博士论文《从新黑格尔主义到新现实主义》（*Del neohegelianismo al neorealismo*）（1924 年）；《苏廷诗集》（*La poesía de Zulén*）；《追思录》（*In Memoriam*）（1927 年）——这是一部是由朵拉·玛耶尔·德·苏廷（Dora Mayer de Zulén）在诗人过世后整理出版的诗集，收录了诗人生前创作的一些诗歌；《大雪中摇曳的榆树》（*El olmo incierto de la nevada*）（1930 年）收集了苏廷 20 年代的一些诗歌，也以遗作出版。

和佩德罗·苏廷同时代的还有文光（Kuan Veng），他出版了散文诗 *Mey Shut*，序言作者是奥斯卡·米罗－格萨拉（拉斯科）[Óscar Miró-Quesada（Racso）]——他是国立圣马尔科斯大学教授，同时也是《商报》（*El Comercio*）的领导。何塞·加尔维斯（José Gálvez）赞扬这部作品“充满寓言和隐喻”，何塞·桑托斯·切卡诺（José Santos Chocano）认为它传递的信息充满了鲜活的灵性，并将它和泰戈尔的作品以及传统的中国以及印度文学相比。同时，西班牙现代主义诗人弗朗西斯科·维亚埃斯佩萨（Francisco Villaespesa）也盛赞文光的作品，尤其是其作品中的美感。文光在出版 *Mey Shut* 后还曾在《邮报》（*El Correo*）发表过其中的一些小故事。

维克多·李·卡里略·齐家（Víctor Li Carrillo Chía，1929—1988年），国立圣马尔科斯大学哲学博士，毕业论文为《诡辩家的种种定义》（*Las definiciones de El Sofista*），完成于1958年，遗作出版于1996年。他在巴黎和弗莱堡都学习过研究生课程，专业是哲学、希腊哲学以及语言学。在弗莱堡，他师从于著名的哲学家马丁·海德格尔（Martín Heidegger）以及雨果·弗里德里希（Hugo Friedrich）。几年以后（1965—1968年），他又在委内瑞拉中央大学的科学系修习相当于数学学士的学位。他在秘鲁和委内瑞拉都有过大学教职，在委内瑞拉他因在教育上的贡献还受到过政府嘉奖。李·卡里略为秘鲁以及外国的无数杂志和报纸撰过稿。他于1963年获得秘鲁国家哲学奖；他创立并主持了秘鲁哲学研究中心（1973—1975年），该中心出版物是一份叫《惑》（*Aporía*）（1979—1984年）的杂志。他所有著述中最突出的是最晚近的四部作品：《结构主义及反人道主义》（*Estructuralismo y antihumanismo*）（1968年）、《哲学的概念：理论、实践、突破》(*El concepto de Filosofía: teoría, praxis, poiesis*)(1975 年)、《结构主义及当代思潮》(*El estructuralismo y el pensamiento contemporáneo*)(1986 年)以及《诡辩家的种种定义》(*Las definiciones del sofista*)(1996 年)。

埃米利奥·周·马(Emilio Choy Ma，1916—1976 年)是一位自学成才的社会人类学家，引领了秘鲁的一种社会调查思潮的发展。他文章颇多，涉及历史学、语言学、社会学、文学、人类学以及考古学，大部分文章发表在《思想》(*Idea*)和《国家博物馆杂志》(*Revista del Museo Nacional*)上。他的研究囊括塞万提斯及社会文学评论，安第斯山地区的新石器革命、阶级以及奴隶社会的起源等。他的大部分著述都发表于其去世后，从 1979 年起，由国立圣马尔科斯大学结集成三卷出版，题为《人类学和历史学》(*Antropología e historia*)。

萧锦荣(Siu Kam Wen，1951—，生于广东)，1959 年移民到秘鲁。曾经在国立圣马尔科斯大学修读会计学，后转而从事文学创作，并迅速以短篇小说作家而闻名。他出版过三部短篇小说集、一篇关于当代艺术的文章《解构艺术》(*Deconstructing Art*)，以及小说《最后一段》(*El tramo final*)(1985 年)、《伊萨卡之旅》(*Viaje a Itaca*)(2004 年)、《生活不是博彩》(*La vida no es una tómbola*)(2008 年)、《我的狂怒》(*El furor de mis ardores*)(2010 年)、《漫长的夏日》(*El verano largo*)(2011 年)及《花园里的雕塑》(*La estatua en el jardín*)(2013 年)。萧锦荣的小说在秘鲁、美国和欧洲研究者众多，其中一些被收入了各种文学选集中。

恩里克·陈－罗德里格斯(Enrique Chang-Rodríguez，1922—1999

年，生于特鲁希略），曾就读于国立圣马尔科斯大学、马德里康普顿斯大学以及波恩大学。出版过诗集《致她》（*Para ella*）（1958 年）、《失落的文字》（*La palabra perdida*）（1980 年）；小说《黄金国》（*El Dorado*）（1960 年）及《可怜的胡利安》（*Pobre Julián*）（1961 年）；散文集《奥西里斯神话》（*El mito Osiris*）（1964 年）以及《海勒姆传说》（*La leyenda hirámica*）（1975 年）。

恩里克·维拉斯特古意（Enrique Verástegui，1951—，生于卡涅特），曾就读于国立圣马尔科斯大学。出版过诗集《方外》（*En los extramuros del mundo*）（1971 年），于 1976 年获得古根海姆奖。1977 年他在巴黎掀起先锋派运动"国际零点"（Hora Zero Internacional）并创作了他的作品《欲望的机车》（*El motor del deseo*）。1992 年，他出版小说三部曲《利马三行诗》（*Terceto de Lima*），以及《一位博学的无政府主义者的理论》（*Teorema del anarquista ilustrado*）；2012 年，他的科幻小说《臀部机器》（*La máquina del crepús/culo*）出版；2014 年发表小说《超越生死：秘鲁，东西方的无政府主义理论和实践》（*Más allá de la vida y la muerte. Teoría y práctica del anarquismo en Perú*，*Oriente y Occidente*）。维拉斯特古意赢得了路易斯·阿尔贝托·桑切斯（Luis Alberto Sánchez）、何塞·埃米利奥·帕切科（José Emilio Pacheco）、阿贝拉尔多·奥古恩多（Abelardo Oquendo）及里卡多·冈萨雷斯·维吉尔（Ricardo González Vigil）的高度赞赏。

胡里奥·威诺瓦·陈（Julio Villanueva Chang，1967—，生于利马），是西语世界最杰出的记者之一。出版过选集《蝴蝶和蝙蝠》（*Mariposas y murciélagos*)(1999 年)以及《罪犯赞歌》(*Elogios criminales*)(2008 年)。1995 年，他获得了泛美新闻协会(SIP)新闻报道类奖，获奖作品是《深夜之旅》(*Viaje al centro de la noche*)。他还获得过伊比利亚美洲新新闻基金(la Fundación para un Nuevo Periodismo Iberoamericano)，他的文章见诸拉丁美洲许多日报、《时尚》(*Vogue*)杂志以及《国家周报》(*El País Semanal*)。他还曾是秘鲁杂志《黑色标签》(*Etiqueta Negra*)的编辑。

胡利娅·黄(Julia Wong，1965—，生于利马)，诗人。她的诗歌反映了她的混血和中国祖先之间的文化冲突，她认为这导致了她在国外游历期间经历的种种边缘化。

黄水莺(Sui-Yun，1955—，生于伊基多)，诗人。出版过诗集《新月》(*Cresciente*)(1977 年)、《阴茎玫瑰》(*Rosa fálica*)(1983 年)、《乞丐和国王之歌》(*Cantos para el mendigo y el rey*)(1999 年)、《我是一只天使般神秘的动物》(*Soy un animal con el misterio de un ángel*)(2000 年)和《美洲豹之梦》(*Sueños de otorongo*)(2004 年)。

马里奥·黄(Mario Wong，1967—，生于毕乌拉)，曾在国立圣马尔科斯大学修读经济学，1989 年开始在巴黎生活。他出版过诗集《腐烂的季节》(*La estación putrefacta*)(1985 年)、双语叙事集子《我居住在圣米格尔，为了阿玛利亚而死》(*Yo vivo en San Miguel*，*pero muero por Amalia*)(2002 年)，以及小说《暴风雨的遗愿》(*El testamento de la tormenta*)(1997 年)和《暴君》(*Su majestad el terror*)(2009 年)。

总的来说，华裔和他们出生在秘鲁的后代，为秘鲁这个本质上是土著和西班牙文化混合的国家做出了经济和文化上的重大贡献。

巴拿马华人

据估计，2014 年 8 月巴拿马共和国的华裔约占总人口数的 6%，换句话说，全国 350 万总人口中有近 20 万华裔。因此，巴拿马中国城是整个中美洲最大的（Jackson，2004）。同时，需要注意的是，这个数字不包括那些非 100% 中国血统的、采用非中文姓氏的华裔。2014 年 8 月 6—9 日，巴拿马庆祝中国城建立 160 周年，华人为这个国家的经济、政治以及文化做出了重大的贡献。但是，《巴拿马之星》（*La Estrella de Panamá*）报道："就像巴拿马华裔历史学家谭坚（Juan Tam）认为的那样，针对我们的歧视尽管隐蔽但是依然存在。"①

中国人于 19 世纪中期到达巴拿马，当时这块地方还属于新格拉纳达（哥伦比亚）的一部分。1850—1855 年，成千上万名中国苦力在巴拿马登陆，他们中的许多人来自加州和墨西哥，被带到巴拿马参加铁路建设（Mon，1990；Lok Siu，2004；Lock Reyna，2006）。1854 年，705 名中国苦力到达巴拿马参与跨洋铁路建设。这一劳工潮在 19

① 《巴拿马之星》（*La Estrella de Panamá*），2014 年 3 月 30 日。http://laestrella.com.pa/panama/nacional/chinos-panamenos-otros-compatriotas/23447147。

世纪 80 年代再次发生，来自加拿大和牙买加的中国苦力参与了“法国运河”（Canal Francés）工程的建设；20 世纪初，他们参与了美国主导的巴拿马运河的修建（Chong Ruiz，1992），他们被像奴隶一般对待，这构成安的列斯群岛华裔现状的历史基础。在完成劳工合同后，他们中大多数人留在岛上从事小型商业活动（Lock Reyna，2006；Lok Siu，2004）。

加夫列尔·加西亚·马尔克斯（Gabriel García Márquez）在小说《爱在瘟疫蔓延时》（*El amor en tiempos de cólera*）里，有几个段落描写过中国社区在加勒比以及拉丁美洲社会形成过程中的作用（García Márquez，1985）。事实上，20 世纪初，华人在当地经济的各方面都起到了关键作用。巴拿马有超过 600 家华人商店。但是，他们曾经面临过许多挑战，其中包括：1903 年有一条国家法令宣布华人为“不受欢迎的公民”、1913 年对华人征收不公平的私人所得税、1928 年法律要求希望加入巴拿马国籍的华人提交特别申请、1941 年宪法规定取消他们的国籍，这最后一条规定由反华官僚阿努尔福·阿里亚斯·马德里（Arnulfo Arias Madrid）大力推动（Jackson，2004），他希望《巴拿马宪法》规定取消亚裔的国籍。阿里亚斯拟定了一套非法程序企图占有华人及其后代的资产，但是他的邪恶计划最终落空，1941 年 10 月 9 日反法西斯的富兰克林·罗斯福（Franklin D. Roosevelt）政府支持的军事政变剥夺了阿里亚斯的权力。1946 年，巴拿马颁布新宪法，规定华人恢复国籍，新宪法规定无论种族，只要是在巴拿马出生的公民都享有巴拿马国籍。20 世纪 60 年代和 70 年代中国移民数量趋于减少。在 1983—1989 年，巴拿马处于独裁者曼努埃尔·安东尼奥·诺列加（Manuel Antonio Noriega）的统治下，许多华人移民迁往哥伦比亚或美国。

中国改革开放之后，巴拿马的华人移民潮重新兴起。从那以后，巴拿马华人逐渐发展出中美洲规模最大的中国城，一共有 35 个不同的广东和台湾籍组织、机构。1990 年，总计有 8 万新移民从中国大陆来到巴拿马。新来的中国移民及其后代们很快就加入了生机勃勃的中国社区，旧的中国社区主要由巴拿马华裔组成，他们大部分人的父母已经加入巴拿马籍，尽管他们的祖父母仍然是中国人，这些人在巴拿马城的各主要商业区建立了商业联系。新一代移民包括许多在法律、医药、建筑和其他行业知名的职业人士。他们出生在巴拿马，带有许多出生国的习惯，但是也传承了大洋彼岸他们祖先国度的风俗。他们和巴拿马的其他种族混合，融合程度之高以至于许多人身上已经完全看不出任何中国特征，包括姓氏也并非中国姓，但是他们的思维方式和情感既是巴拿马式的也属于中国式的。

巴拿马著名华裔人士

巴拿马华裔有众多杰出人物，他们在文学、音乐、体育和人文科学及其他领域做出重大贡献。华裔作家中必须要提到西格丽德·努涅斯（Sigrid Nuñez）、卡洛斯·弗朗西斯科·陈·马林（Carlos Francisco Chang Marín）、胡里奥·姚（Julio Yao）、郑真美（Berta Alicia Chen）及谭坚

（Juan Tam）等等。刘毅珊（Brenda Lau）是一位杰出的音乐家。陈用彩（Bruce Chen）和罗伯特·陈（Roberto Chen）是巴拿马华裔运动员中的重要人物。在媒体宣传领域当属苏世玲（ Shey Ling Him Gordon）和海蒂·周（Heidy Choy）。下面详细介绍一下。

1. 西格丽德·努涅斯

西格丽德·努涅斯（Sigrid Nuñez，1951—，生于纽约）是居住在美国的巴拿马华裔小说家和散文家，其父亲是巴拿马华人、母亲是德国人。她在《纽约书评》（*The New York Review of Books*）工作，也给《纽约时报》（*The New York Times*）、《时尚芭莎》（*Harper's*）、《麦克斯威尼》（*McSweeney's*）以及文学刊物《信徒》（*The Believer*）和《锡房子》（*Tin House*）撰稿。她在哥伦比亚大学、安默斯特学院、新学院大学、史密斯学院、华盛顿大学、瓦萨学院、加州大学尔湾分校以及波士顿大学等高校开课。她出版过 6 部小说：《神风吹动的一根羽毛》（*A Feather on the Breath of God*）（1995 年）、《裸睡的人》（*Naked Sleeper*）（1996 年）、《米兹：布卢姆斯伯里的狨》（*Mitz: The Marmoset of Bloomsbury*）（1998 年）、《为了罗耶纳》（*For Rouenna*）（2001 年）、《最后一位幸存者》（*The Last of Her Kind*）（2006 年）和《拯救之城》（*Salvation City*）（2010 年）。她还出版过回忆录《始终是苏珊：回忆苏珊·桑塔格》（*Sempre Susan: A Memoir of Susan Sontag*）（2011 年）。她获得过以下奖项：柏林奖（Berlin Prize）（2005 年）、淮廷作家奖（el Premio

Whiting para escritores）以及美国文学艺术学院的两个奖项、理查德 & 欣达·罗森松基金会奖（Fundación Richard & Hinda Rosenthal ）和罗马文学奖（Premio de Literatura Roma）。

2. 卡洛斯·弗朗西斯科·陈·马林

卡洛斯·弗朗西斯科·陈·马林（Carlos Francisco Chang Marín，1922—2012 年）是一位诗人、散文家、小说家、画家、音乐家、记者和政治活动家，他的作品总是将两个姓联合署上：陈马林（Chang Marín）。他同时还在巴拿马多地中学教书，在学校里组织学生运动和罢课以抗议社会不公。政治活动导致他多次被辞退并被捕入狱，他在铁窗里度过了总共 4 年的时间，罪名是从事政治活动。1968 年，他流亡智利，在智利他积极参与了萨尔瓦多·阿连德·戈森斯的总统竞选活动。一旦获准返回巴拿马，他迅速成为共产主义活动的著名领导人和组织者，同时他也未停止艺术、文化和教育活动。他从年轻时代开始创作短篇小说；之后，他写作十行诗，其中的许多首被巴拿马游吟诗人广为传唱。1981 年，他获得了国家小说奖（Premio Nacional de Novela），获奖作品是《透明的游击队员》（*El guerrillero transparente*），之后他还获得了其他的文学奖项。在古巴，他的政治斗争也获得了认可，古巴全国工人联合会授予他维克多·哈拉勋章（Víctor Jara）以及鲁文·马丁内斯·维耶纳奖（Premio Rubén Martínez Villena）。2002 年，他获得了巴拿马大学奖（Premio Universidad de Panamá），2006 年获得了“罗赫里奥·西南成就奖”（Condecoración

Rogelio Sinán），该荣誉是为了嘉奖他终身的文学成就。由于他的政治斗争生涯，巴拿马政府授予他奥马尔·托里霍斯·埃雷拉将军国家勋章（Orden Nacional General Omar Torrijos Herrera）。2008 年，国家文化学院（INAC）设立卡洛斯·弗朗西斯科·陈·马林国家儿童文学奖。

3. 胡里奥·姚

胡里奥·姚（Julio Yao）出版过许多作品，他主要关注国际关系、巴拿马的对外政策、巴拿马和美国的关系，他同时也从事社会学研究。他曾是巴拿马和平和正义服务组织（Servicio Paz y Justicia en Panamá）主席，同时也是巴拿马和平委员会（Comité Panameño por la Paz）成员。他的重要作品包括《巴拿马运河：民族的磨难》（*El Canal de Panamá，calvario de un pueblo*）（1972 年）。他同时也是许多散文和诗歌比赛的获奖者。

4. 郑真美

郑真美（Berta Alicia Chen）是一位巴拿马华裔作家，她发表过许多作品，也与人合著过许多书，包括《你居然不知道呐……巴拿马运河》（*A que no sabías que... el Canal de Panamá*）（2006 年）、《回头我给你讲个故事》（*Ahora te contaré un cuento*）（2007 年）、《七巧板：人人都头疼的中国难题》（*Tangram: un ropecabezas chino para todos*）（2002 年）、《中国人何时、如何以及为何来到巴拿马》（*Cómo，cuándo y porqué llegaron los chinos a Panamá*）（2006 年）。

5. 谭坚

谭坚（Juan Tam），社会活动家、作家和历史学家，写过《华安：东方墓地》（*Wah-On: la necrópolis oriental*）（2004 年）和《巴拿马华裔足迹。150 年的历史》（*Huellas chinas en Panamá. 150 años de presencia*）（2006 年）。他还写过其他许多关于华裔历史的作品。他被认为曾经说过如下的话："我们在巴拿马的历史有 157 年，尽管如此，我们的文化仍然受污名、被歧视，并且被这个国家的政治势力所遗忘。"

6. 刘毅珊

刘毅珊（Brenda Lau）是巴拿马歌手大赛《体验音乐》（*Vive la Música*）2010 年的获胜歌手。

7. 陈用彩

陈用彩（Bruce Chen）在堪萨斯酋长队当橄榄球发球手，是巴拿马华裔，曾经在许多重要的国际赛事中代表巴拿马出赛。

8. 罗伯特 · 陈

罗伯特 · 陈（Roberto Chen）是位在西班牙马拉加队踢中锋的足球运动员。

9. 苏世玲

苏世玲（Shey Ling Him Gordon），她代表巴拿马参加了2007年世界小姐的角逐。

10. 海蒂·周

海蒂·周（Heidy Choy），选美皇后。

哥斯达黎加
华裔移民

在 19 世纪的哥斯达黎加，华人移民潮可以分成三个阶段。

最初的 73 个中国人于 1855 年从巴拿马（虽然他们中许多人并未参与巴拿马铁路建设项目）抵达哥斯达黎加的蓬塔雷纳斯（Puntarenas）港口，打算在咖啡和香蕉种植园里从事生产。他们中的 45 人是签约来德国巨头阿雷杭德罗·冯·比洛（Alejandro von Bülow）的庄园干活的，而另外的人是和雷邦多（Lepanto）庄园签约的（Fonseca Herrera，1996）。

移民的第二阶段始于 1873 年，成百的中国劳工被引进参与大西洋段沿岸铁路建设。同年 1 月 31 日，有 653 名澳门华工从蓬塔雷纳斯港港口登陆后就被亨利·美吉斯·基斯（Henry Meiggs Keith）带走。他们中的大部分人被带到了铁路建设工地，主要是安古斯图拉（Angostura）和卡塔戈（Cartago）路段。另外一些人被卖入富人家，或者在阿拉胡埃拉（Alajuela）、埃雷迪亚（ Heredia）、圣何塞（San José）和卡塔戈（Cartago）的咖啡种植园、阿古阿卡特（Aguacate）的金矿或蓬塔雷纳斯省（Puntarenas）当劳工（Fonseca，1996）。

移民潮的第三阶段始于 1887 年，哥斯达黎加政府正式允许雇用澳门华工参与安古斯图拉和卡塔戈路段的铁路建设（Chen Apuy，1992）。1888年许多华工搭乘最后几艘官方运输船来到哥斯达黎加，其中有些人被富裕人家雇为用人。

20世纪来到哥斯达黎加的中国人少于19世纪。华人及其后代在相当长一段时间里都集中在利蒙（Limón）、蓬塔雷纳斯以及瓜纳卡斯特（Guanacaste）省，他们在这些地方从事商业活动。在到来后不久，他们中有些人和哥斯达黎加当地姑娘通婚并融入当地社会。许多人在利蒙省定居，并在当地有重要的影响，尤其是在烹饪艺术方面。1950年以后，来到哥斯达黎加的华人主要来自中国台湾，少数来自香港和中国内地。到1984年前后，来自台湾的华裔数量达到大陆的14倍之多。

没有资料显示哥斯达黎加确切的华人数量，因为当地人口普查表不登记居民种族状况；但是，据估计，有成千上万的华人带有不同比例的中国血统。从第一波移民潮以来，许多华人采用了西班牙语姓氏。华裔使用的比较常见的西班牙语姓氏包括基罗斯（Quiroz）、加西亚（García）、卡斯坎特（Cascante）、皮诺（Pino）、桑切斯（Sánchez）、希梅内斯（Jiménez）以及莱昂（León）。在那些保留下来的中国姓氏中主要有“张”（Chang），其中就包括著名的哥斯达黎加宇航员张福林（Franklin Chang-Díaz，1950—），他是麻省理工学院的核工程学博士，在1986—2002年完成了7次太空之旅。他是美国航空航天局首位非美国裔的哥斯达黎加航天员，他创下了在航天飞机里完成7次太空之旅的纪录。此外，他还是美国航空航天局名人堂里的一名光荣成员。

结论

本书是对我从前所做研究的拓展，我一直都关注中国文化及中国移民潮，我所涉及的中国人包括中华帝国的臣民、中华民国的及之后的中华人民共和国的公民。21 世纪第一个十年以来，中国成为世界第二大经济体。2014 年，中国有超过 13 亿人口，根据国际官方统计数据，中国是世界上人口最多的国家。男性占多数（占总人口数 51.69%）。人口密度是每平方公里 142 人，占世界人口密度的第 132 位[①]。

我的研究始于秘鲁的利马以及国立圣马尔科斯大学，并在华盛顿大学、宾夕法尼亚大学以及哥伦比亚大学和纽约城市大学继续。就像读者所了解的那样，本书不仅关注那些成百万移民到墨西哥、美国、加拿大、加勒比和圭亚那群岛、古巴、秘鲁、巴拿马以及哥斯达黎加的华人，也关注那些在美洲的不同地区间迁徙的华人。这些记录反映了一个国家的移民活动，而这个国家根据大量的考古遗迹证明拥有人类历史上最古老的迁徙传统。19 世纪，中国人的迁徙活动最频繁，尤其是清政府在 1860 年认可了臣民迁移海外的权利之后。1848 年美国西部加州金矿及 1858 年加拿大西

① http://www.worldpopulationstatistics.com/population-of-china-2014/。

部金矿的发现引来了上百万中国移民，其中大部分是男性，他们在之后的80年里不断地涌入这些地区。

鉴于哲学在指引中国移民在处于面向新世界迁徙之路上时所起到的重要作用，本书以孔子思想开篇，孔子的思想在中国人中代代传承。在研究中华文化如何从历史和哲学的角度阐释人类行为，并且研究这套阐释体系的起源与传播的过程中，我坚信是东方千年的哲学传统造就了孔子。我们认为，这位智者的主要贡献在于唤醒了古老的思想，并使之完美化。它的精髓在于强调实践传统、保持公平、尊重秩序、求学不倦，并通过宽容、善良、仁慈、兄弟和睦和孝顺父母来保持美德。千百年以来，孔子的思想已经成为实用的知识，它使美洲无数华人之间能通过借助中华文化保持凝聚力，同时也确保他们能适应新的土壤，尽管许多时候他们受到来自当地社会的歧视。

西方研究《易经》最著名的专家之一是德国汉学家卫礼贤，他的儿子卫德明是我在华盛顿大学的中国古代史教授[①]。我认同他的观点，即《易经》这部千年的智慧结晶代表了中国思想和价值观的核心。《易经》中涉及了人生中一些最深刻的问题：人在宇宙中的位置、人类和自然的关系、延续中的变革、和平作为一个思辨的概念、领导力、权威和自由。孔子坚持人必须有教养，坚持兄友弟恭。得益于这些传统，中国在6—9世纪成为世界上文化最繁荣的国家之一。当欧洲还生活在中世纪时期，中国已经

① 卫礼贤在20世纪20年代出版了关于中华文明的许多部著作，他的作品面向西方读者，让他们更了解中国，其中包括1923年出版的《易经》。该书于1948年再版，由瑞士著名的心理学家卡尔·荣格作序。而卫德明所写的《易经》分成三部分：第一部分包括最古老的那些篇章；第二部分和第三部分包括《十翼》或者说儒家的经典注释。该书曾被译成多种语言。

开始重视人文、艺术教育，也开始培养封建主、普通公民和士兵，与此同时也没有阻碍科技创新。

根据孔子的思想，了解人类行为的因果关系构成了人类理智思维的根本，也只有通过此一过程人类才能达到完美。在中国历史的漫漫长河中，有些皇帝通过宣传弱化了的儒家思想来削弱孔子政治思想中的反叛性。但是，中国人民在中华帝国时期、在中华民国 1912 年成立之后、在 1949 年中华人民共和国成立之初，仍然是拥抱儒家思想的。

我在研究这个课题期间收集了手稿、访谈、书籍、杂志、电影、录像以及其他材料，这些材料帮助我更深刻地理解了许多年来我在与父亲、汉学家们、中国老年人，以及在与儒家、老子和佛教的研究者和实践者们的谈话中整理的大量笔记的内涵。我的对话者们经常在谈话中夹杂着机智的谚语，这表明中华文化代代相传。这些人和我分享了他们的回忆、资料和风俗，以上种种都反映了他们和故土之间的紧密纽带。众所周知，中国的老年人在和家人以及年轻朋友们谈话的时候通常是倾囊相授，而被谈话的对象也通常有意无意地接受老人的建议和带着古老智慧的规则。

本书分析了华人的海外迁徙是如何极大地促进了美洲社会文化多样性的形成的。此外，中国移民和他们的后代在中国和美洲的文化、政治以及经济联系上起到了重要的作用，也由此强化了中国和美洲的沟通和交往。本书采用了历史学的视角，有大量的定性和定量的数据，并阐释了我这几十年来收集的资料信息。目前有 5000 万华裔和其后代在中国之外的世界各地，其中大部分人在美国、加拿大和澳大利亚。由于儒家传承，中国移民知道他们在海外代表自己的祖籍国，他们的一言一行也代表着他们的

13.9 亿中国同胞。华人的商业精神促进了他们在所在国的成功，也促进了中国的繁荣，他们中的大多数人通过经商和投资致力于创造财富。

通过我关于华人迁徙的历史思考，我认为今日中国在世界上的经济崛起必须考虑到在美洲“新世界”的千百万华人的重要贡献。近年来产生了许多跨国华侨，他们大多拥有优秀的教育背景，参与商业运营，他们的角色和中国政府的全球发展战略息息相关，这些新移民成为移民国有力的经济加速剂。这些移民对于所在国的商业发展和人才储备都做出了极大的贡献，这一点在澳大利亚和加拿大都得到了完美的验证。我希望本书能够让读者更好地了解中国人海外迁徙这一漫长的过程以及它对世界历史产生的深远影响。

参考文献

Amaya Banegas, Jorge Alberto (2002). *Los chinos de ultramar de Honduras*. Tegucigalpa: Guaymuras.

Anónimo (s/f). *Shijing* (*Libro de las odas* o *El clásico de la poesía*).

Anónimo (1968[1613]). *Padrón de los Indios de la Provincia de Lima en 1613* [Durante el Virrey de Montesclaros] Lima: UNMSM.

Anónimo (1880). *Lijing* (*Libro de los ritos* o *Libro de las ceremonias*). Traducción de James Legge. Shangai.

Anshan, L. Survival (2004). Adaptation and Integration: Origins and Evolution of the Chinese Community in Jamaica (1854–1962). En Andrew Wilson, ed., *The Chinese in the Caribbean*. Princeton: Markus Wiener.

Arangure Jr., Jorge (2006). «Chen Grew From Distinct Roots», en *Washington Post*, 5 de abril de 2006. http://www.washingtonpost.com/wp-dyn/content/article/2006/04/04/AR2006040402068.html (consulta: 28/10/13).

Arguedas, José María (1976). No soy un aculturado. En Juan Larco, comp., *Recopilación de textos sobre José María Arguedas*. La Habana: Casa de las Américas.

Arnalte, Arturo (1985). El tribunal mixto anglo español de Sierra Leona: 1819-1865. *Cuadernos de Historia Moderna y Contemporánea, VI*, 197-218.

Arona, Juan de (1971[1891]). *La inmigración china en el Perú*. Lima: Academia

Diplomática del Perú.

Auyón Gerardo, Eduardo (1991). *El dragón en el desierto de los primeros chinos en Mexicali, 1903-1991.* Mexicali: Instituto de Cultura de Baja California.

Azcárate, Graciela (2008). *La inmigración china.* www.educando.edu.do/articulos/docente/la-inmigracion-china/ [Consulta: 11/12/12].

Balbi, Mariella (1999). *Los chifas en el Perú.* Lima: Universidad San Martin de Porres. Publicado en chino por la Embajada del Perú en la República Popular China, Beijing, 2013.

Baltar Rodríguez, J. (1997). *Los chinos de Cuba. Apuntes etnográficos.* La Habana: Fundación Fernando Ortiz.

Baquerizo, Manuel J. (1979). Emilio Choy y su influencia en el Perú. En Emilio Choy, *Antropología e Historia 1.* Lima: Universidad Nacional Mayor de San Marcos.

Bodde, Derk & Clarence Morris (1967). *Imperial China exemplified by 190 Ching Dynasty Cases*. Cambridge, MA: Harvard University Press.

Bolland, N., & Moberg, M. (1995). Development and National Identity: Creolisation, Immigration, and Ethnic Conflict in Belize. *International Journal of Comparative Race and Ethnic Studies, 2*, 1-18.

Bradley, Anita (1942). *Trans-Pacific Relations of Latin America*. Nueva York: Institute of Pacific Relations.

Brecht, Berthold (1960). *The Caucasian Chalk Circle*. Londres: Methuen.

Brownstone, David M. (1988). *The Chinese-American Heritage*. Nueva York: Oxford University Press.

Burga, Manuel & Alberto Flores Galindo (1980). *Apogeo y crisis de la República Aristocrática, 1895-1930*. Lima: Rikchay.

Burga, Manuel (1993). *Para qué aprender historia en el Perú.* Lima: Derrama Magisterial.

Burga, Manuel (2005). *Nacimiento de una utopía: muerte y resurrección de los incas.* Lima: Fondo Editorial de la Universidad Nacional Mayor de San Marcos.

Bustamante, Enrique (1925). Pedro S. Zulén, una pérdida nacional. *Variedades*, *883*, 3161.

Cammann, Schuyler V. R. (1951a). *Trade through the Himalayas; the early British attempts to open Tibet.* Westport, Conn.: Greenwood.

Cammann, Schuyler V. R. (1951b). *The land of the camel; tents and temples of Inner Mongolia.* Nueva York: Ronald Press Co.

Cammann, Schuyler V. R. (1952). *China's dragon robes.* Nueva York: Ronald Press Co.

Cammann, Schuyler V. R. (1962). *Substance and symbol in Chinese toggle.* Filadelfia: University of Pennsylvania Press.

Castellanos, Israel (1914a). *A través de la criminología, Atlas.* La Habana: Salas.

Castellanos, Israel (1914b). *La mandíbula del criminal*, La Habana: Impr. Moderna.

Castellanos, Israel (1915a). *Contribución al estudio del hombre negro delincuente.* La Habana: Impr. y Papelería de Rambla, Bouza.

Castellanos, Israel (1915b). *El alacrán en los negros*, La Habana: Impr. y Papelería de Rambla, Bouza.

Castellanos, Israel (1916). *El servicio de antropología penitenciaria.* La Habana: Impr. y Papelería de Rambla, Bouza.

Castellanos, Israel (1921). *Instrucciones técnicas a los funcionarios policíacos acerca de la salvaguardia y embalaje de las piezas de convicción.* La Habana: Rambla, Bouza.

Castellanos, Israel (1922). *La edad de las impresiones digitales sangrientas.* La Habana: Impr. de Rambla, Bouza.

Castellanos, Israel (1926). *El apodo de los delincuentes de Cuba.* La Habana: Impr. y Papelería La Universal.

Castellanos, Israel (1927). *Los estigmas somáticos de la degeneración.*

Su apreciación en las razas de color. La Habana: Impr. La Propagandística.

Castellanos, Israel (1929). *La delincuencia femenina en Cuba*. La Habana: Dorbecker.

Castellanos, Israel (1955a). Fernando Ortiz en las ciencias criminológicas. En *Miscelánea de estudios dedicados a Fernando Ortiz por sus discípulos, colegas y amigos, con ocasión de cumplirse sesenta años de la publicación de su primer impreso en Menorca en 1895*. T. 1, pp. 298-332. La Habana.

Castellanos, Israel (1955b). *Estigmas atávicos en dermopapiloscopía*. La Habana: Impr. P. Fernández.

CEPAL (2011a). *República Popular China y América Latina. Hacia una nueva fase en el vínculoeconómico y comercial*. Santiago de Chile: CEPAL.

CEPAL (2011b). *República Popular China y América Latina y el Caribe: hacia una relación estratégica* (2010). Santiago de Chile: CEPAL.

CEPAL (2013). *Promoción del comercio y la inversión con China: Desafíos y oportunidades en la experiencia de las cámaras empresariales latinoamericanas*. Santiago de Chile: CEPAL.

Chang-Rodríguez, Eugenio (1957). *La literatura política de González Prada, Mariátegui y Haya de la Torre*. México: Studium.

Chang-Rodríguez, Eugenio (1958). Chinese Labor Migration into Latin America in the Nineteenth Century. *Revista de Historia de América*, *46*, 375-397.

Chang-Rodríguez, Eugenio (1962). Nueva apreciación de Toynbee. *La Nueva Democracia 42*(2), 55-57.

Chang-Rodríguez, Eugenio (1983a). *Poética e ideología en José Carlos Mariátegui*. Madrid: Porrúa. También publicado en 1986, Trujillo: Normas Legales.

Chang-Rodríguez, Eugenio (1983b). *Latinoamérica: su civilización y su cultura*.

Rowley, MA-Londres-Tokyo: Newbury.

Chang-Rodríguez, Eugenio (1990). *Latinoamérica: nación continental.* Versión china por Bai Fengsen (Chinese Academy of Social Sciences), Zhao Deming (University of Beijing) y otros. Beijing.

Chang-Rodríguez, Eugenio (2000a). *Latinoamérica: su civilización y su cultura. Versión coreana*. Gyeongsan, Corea: Catholic University of Daegu Press.

Chang-Rodríguez, Eugenio (2000b). De la tierra del dragón a las regiones del cóndor: la identidad cultural de los sinoperuanos. En *Homenaje a Félix Denegri Luna* (pp. 251-258). Lima: Fondo Editorial de la Pontificia Universidad Católica del Perú.

Chang-Rodríguez, Eugenio (2005). *Entre dos fuegos. Reminiscencias de las Américas y Asia*. Lima: Fondo Editorial del Congreso del Perú.

Chao Romero, Robert (2010). *The Chinese in Mexico, 1882-1940.*Tucson: The University of Arizona Press.

Chen Apuy, H. (1992). La minoría china en Costa Rica. En *VII Congreso Internacional de la Asociación Latinoamericana de Estudios de Asia y África (ALADAA),* Acapulco, México, del 24- 28 noviembre de 1992.

Chinn, Thomas W. (1969). *A History of the Chinese in California: a Syllabus.* San Francisco: Chinese Historical Society of America.

Chong Ruiz, Eustorgio (1992). *Los chinos en la sociedad panameña,* Panamá: Instituto Nacional de Cultura.

Chou, D. L. (2002). Los chinos en Hispanoamérica. *Cuadernos de Ciencias Sociales*, *124*, 45 y ss.

Chow, Rey (2000). Introduction. En Rey Chow, ed., *Modern Chinese Literary and Cultural Studies in the Age of Theory: Reimaging a Field.* Durham y Londres: Duke University Press.

Choy, Armando, Gustavo Chui & Moisés Sío Wong (2005). *Our History is Still*

Being Written.The Story of Three Chinese-Cuban Generals in the Cuban Revolution. Editado por Marie-Alice Waters. Nueva York: Pathfinder.

Choy, Emilio (1954). La esclavitud de los chinos en el Perú. *Revista de Folklore Americano, 2*(2), 161-168. Reproducido en *Tareas del Pensamiento Peruano, 8*, 45-53 (1965).

Chuhue, Richard, Li Jing Na & Antonio Coello (2012). *La inmigración china al Perú. Arqueología, historia y sociedad*. Lima: Instituto Confucio / Universidad Ricardo Palma.

Chuffat Latour, Antonio (1927). *Apunte histórico de los chinos en Cuba,* La Habana: Molina. Reproducido en Hung Hui J., *Chinos en América* (pp. 78-79). Madrid: MAPFRE (1992).

Cohen, Lucy (1984). *Chinese in the Post Civil War South: a People without History*. Lafayette: University of Louisiana.

Confucio (1984). *Canon de poesía* o *Clásico de poesía* o *Libro de las odas* (詩經 , Shī Jīng). 1020-249 a.C. [Es uno de los Cinco Clásicos recopilados por Confucio. Su primera traducción al castellano la hizo el jesuita español Carmelo Elorduy, *Romancero chino*]. Madrid: Editora Nacional.

Confucio (1997). *Analectas* (论语 , *Lún Yǔ*) (1997). *Reflexiones y enseñanzas de Confucio*. Traducción del chino y notas de Anne-Hélène Suárez. Barcelona: Kairós.

Confucio (2002). *Los cuatro libros. Anales de primavera y otoño* (春 秋 , Chūnqiū). Traducción, introducción y notas de Joaquín Pérez Arroyo. Barcelona: Paidós.

Corominas, Joan (2008). *Breve diccionario etimológico de la lengua castellana*. 4ª edición. Madrid: Gredos.

Corominas, Joan (1991-1997). *Diccionario crítico etimológico castellano e hispánico*. Con la colaboración de José A. Pascual. 6 vols. Madrid: Gredos.

Creel, Herrlee Glessner (1954 [1936]). *The Birth of China.* New York: Frederick Ungar.

Creel, Herrlee Glessner (1949). *Confucius: The Man and the Myth.* New York: John Day.

Creel, Herrlee Glessner (1970). *The Origins of Statecraft in China: The Western Chou Empire*. Chicago: University of Chicago Press.

Creel, Herrlee Glessner (1970). *What is Taoism? And Other Studies in Cultural History.* Chicago: University of Chicago Press.

Creel, Herrlee Glessner (1971). *Chinese Thought from Confucius to Mao Tse-Tung.* Chicago: University of Chicago Press.

Cumberland, Charles (1960). The Sonoran Chinese and the Mexican Revolution. *Hispanic American Historical Review*, *40*, 191-211.

Cumberland, Charles (1974). The Chinese Massacre in Torreón (Coahuila) in 1911. *Arizona and the West*, *16*, 233-246

Cumberland, Charles (1976). Have Quick More Money than Mandarins: The Chinese in Sonora. *Journal of Arizona History*, *17*, 208-218.

Helly, Denise (1993[1876]. *Cuba Commission Report: a Hidden History of the Chinese in Cuba*. Baltimore: John Hopkins University Press.

Dañino, Guillermo (1996). *Esculpiendo dragones: antología de la literatura china.* Lima: PUCP.

Departamento de Guerra de los EE.UU. (1900). *Report of the Census of Cuba, 1899.* Washington DC: Government Printing Office.

Díaz, Jesús (1993). «Confesión». *Antología de cuento. Concurso internacional Juan Rulfo. Premios 1984-1992* (pp. 208-221). México: Diana.

Diesbach, Nicole Marie (1977). «El proceso de producción agrícola en el valle de Mexicali». Tesis de Licenciatura en Sociología. Universidad Autónoma de Baja California, Escuela de Ciencias Sociales y

Políticas.

Diez Canseco, José (1934). *Duque.* Santiago de Chile: Ercilla.

Dubs, H.H. (1942). The Chinese in Mexico City in 1635. *Far Eastern Quarterly*, *1*, 387-389.

Duvon C. Corbitt (1971). *A Study of the Chinese in Cuba, 1847-1947*. Wilmore, Ky.: Asbury College.

Eça de Queiroz, José María (1965). *The Mandarin and other Stories*. Trans. Richard Frank Goldman. Atenas, Ohio: Ohio University Press.

Elorduy, Carmelo (ed. y trad.) (1984). *Romancero chino.* Madrid: Editora Nacional.

Errázuriz Zañartu, Jaime (2000). *Cuenca del Pacífico: 4000 años de contactos culturales.* Santiago: Universidad Católica de Chile.

Esopo (1993). *Las fábulas de Esopo*. Madrid: Gredos.

Espinoza, José Ángel (1932). *El ejemplo de Sonora*. México; s/e.

Fairbank, John King (1992). *China: a New History*. Cambridge: Belknap.

Felipe, Carlos (1967). El chino. En *Teatro*. La Habana: UNEAC.

Feng Youlan (1948). *A short history of Chinese philosophy.* Trad. Derk Bodde. Nueva York: Macmillan.

Feng Youlan (1952-1953). *A History of Chinese philosophy*, 2 vols. Trad. Derk Bodde. Princeton: Princeton University Press.

Ferenczi, Imre & Walter F. Willcox (1929-1931). International Migrations. Statistics. *Demographic Monographs, 7.*

Fong, Flora (1997). *Nube de otoño*. La Habana: Grafispaço.

Fong García, Clara (1997). *Nube de otoño*. Catálogo. Buenos Aires: Arte BA.

Fonseca Herrera, Z. M. (1996). Los chinos en Costa Rica en el siglo XIX. En *40 Simposio Internacional sobre América Latina en la República de China.* Taipei: Universidad de Tamkang,

Frost, Frank J. (1982). The Palos Verdes Chinese Anchor Mystery. *Archaeology, 35*, 23.

Fukumoto, Mary (1986). Americanidad de los *nikkei* en las Américas. *O Nikkei a sua Americanidade, 83.*

García, Cristina (2003a). *Monkey Hunting*. Nueva York: Knopf.

García, Cristina (2003b). *El cazador de monos*. Trans. María Eugenia Ciocchini. Barcelona: Emecé.

García Márquez, Gabriel (1985). *El amor en los tiempos del cólera*. Barcelona: Bruguera.

Gazzolo, Ana María (1986). «Huellas de China en el cuento peruano». *El Comercio*, Lima, 16/2/86, C3.

Geirola, Gustavo (2005). Chinos y japoneses en América Latina: Karen Tei Yamshita, Cristina García y Anna Kazumi Stahl. *Chasqui, 34*(3), 113-130.

González Prada, Manuel (1940). *Antología poética*. Editado por Carlos García Prada. México DF: Cultura.

González Prada, Manuel (1985[1945]). *El tonel de Diógenes*. México: Fondo de Cultura Económica.

González Prada, Manuel (1988[1911]). La incertidumbre de Kuang-Tseo. *Exóticas*. En *Obras completas*, t. 3, vol. 5. Lima: Petroperú.

González-Vigil, Ricardo (1997). *El cuento peruano 1980-1989*. Lima: Copé.

Granada, Fray Luis de (1556). *Guía de pescadores*.

Gutiérrez, Gonzalo (2014). El Celeste Imperio y las noticias del pisco. *El Dominical* de *El Comercio*. Lima, 2 de febrero de 2014, pp. D10-11.

Guignes, Joseph de (1761). *Le Fou Sang des Chinois est el l'Amerique*? *Memoires de l'Academie des Inscriptions et Belles Lettres*, tomo 28, París.

Hall, Laura Jane (1995). The Chinese in Guyana: the making of a Creole community. Tesis para optar el grado de de Ph.D., Universidad de California en Berkeley.

Henning, Richard (1944). *Terrae Incognitae*. 4 vols. Leiden: E.J. Brill.

Hernández Catá, Alfonso (1933). *Cuatro libras de felicidad*. Madrid: Renacimiento.

Hernández Catá, Alfonso (1983). *Cuentos y noveletas*. Selección y prólogo de

Salvador Bueno. La Habana: Letras Cubanas.

Ho, Mingshu (1967). *Manual de la Colonia China en el Perú*. Lima.

Hooper, Kate & Jeanne Batalova (2015). *Chinese Inmigrants in the United States.* migrationpolicy.org/article/chinese-immigrants-united-states

Hu de Hart, Evelyn (1989). Coolies, Shopkeepers, Pioneers: The Chinese of Mexico and Peru (1849-1930). *Amerasia Journal*, 15(2), 91-116.

Hung Hui, Juan (1992). *Chinos en América*. Madrid: Mapfre.

Jacques, Leo M. D. (1976). Have Quick More Money than Mandarins: The Chinese in Sonora. *Journal Arizona History*, *17*, 208-218.

Jackson, Eric (2004). Panama's Chinese community celebrates a birthday, meets new challenges. *The Panama News, 10*(9), http://www.thepanamanews.com/pn/v_10/issue_09/community_01.html [Consulta: 25/10/2013].

Jacques, Leo M.D. (1974). The AntiChinese Campaign in Sonora, Mexico, 19001931. Tesis para optar el grado de Ph.D., Universidad de Arizona.

Jacques, Leo M.D. (1974). «The Chinese Massacre in Torreón (Coahuila) in 1911, *Arizona and the West,* Vol. 16 (Autumn): 233-246.

Ji Hiun Lim (2003). «New President of the Chinese Six Companies». *Asian Week*, 7/3/03.

Jiménez Pastrana, J. (1983). *Los chinos en la Historia de Cuba, 1847-1930.* La Habana: Editorial Ciencias Sociales.

Kwok Crawford, Marlene & Choo-Shee-Nam, Rosemarie (2003). *Guyanese Chinese Heritage - a brief history 1853-2003.* Washington DC: National Library.

Kwong, Peter (1996). *The New Chinatown.* Nueva York: The New Press / Hill / Wang.

Kong Ji (Zisi) (s/f). *Doctrina de la medianía* (chino: 中庸 , pinyin: *zhōng yōng*).

Kouw Matamoros, M.C. (2002). Mirando el carapacho de tortuga. *La Jiribilla*, *75*, La Habana. http://www.lajiribilla.cu/2002/n75_octubre/1762_75.html

Kuan Veng, A. (1924). *Mey Shut, poemas en prosa.* Prólogo de Óscar Miró-Quesada. Lima: Imp. «Lux» de E. L. Castro.

Landa y Piña, Andrés (1930). *Servicio de Migración en México*. México DF: Secretaría de Gobernación.

Lao Tse (2009). *Tao de jing. Tao Te King*. Edición de Richard Wilhelm. Barcelona: Sirio.

Laurence, K.O. (1994). *A Question of Labour: Indentured Immigration into Trinidad and British Guiana, 1875-1917.* Kingston y Londres: Ian Randle / James Curry.

Lausent, Isabelle (1980). Constitution ET processus d'intégration socio-économique d'une micro-colonie chinoise dans une communauté andine à la fin du XIXème siècle, Acos. *Bulletinde l'Institut Français d'Etudes Andines IX*(3-4), 85-106.

Lausent-Herrera, Isabelle (1992). La cristianización de los chinos en el Perú: integración, sumisión y resistencia. *Bulletin del'Institut Français d'Etudes Andines*, *21*(3): 997-1007.

Lausent-Herrera, Isabelle (1996a). Los caucheros y comerciantes chinos en Iquitos a fines del siglo XIX (1890-1900). En Pilar García Jordán y otros, eds., *Las raíces de la memoria. América Latina*. Barcelona: Universitat de Barcelona.

Lausent-Herrera, Isabelle (1996b). L'émergence d'une élite d'origine asiatique au Pérou. *Caravelle, 67*, 127-153.

Lausent-Herrera, Isabelle (1998). Frentes pioneros chinos y desarrollo regional en la selva central del Perú. En Pilar Garcia Jordan y Nuria Sala y Vila, eds., *La nacionalización de la Amazonia*. Barcelona: Universitat de Barcelona.

Lausent-Herrera, Isabelle (2001). *Chinese Migrant Networks and Cultural Change.* Chicago: University of Chicago Press.

Lausent-Herrera, Isabelle (2006). Mujeres olvidadas: esposas, concubinas e hijas de los inmigrantes chinos en el Perú republicano. En Scarlett O'Phellan y Margarita Zegarra, eds., *Mujeres, familia y sociedad en la historia de América Latina. Siglo XVIII-XXI* (VII, pp. 287-312). Lima: IFEA.

Lausent-Herrera, Isabelle (2008). La captación de la fe de los nuevos inmigrantes chinos y de sus hijos por las iglesias católica y evangélica. En Fernando Armas Asín y otros, eds., *Políticas divinas. Religión, diversidad y política en el Perú contemporáneo* (pp. 123-151). Lima: Instituto Riva-Agüero.

Lausent-Herrera, Isabelle (2009a). La nouvelle immigration chinoise au Pérou. *Revue Européenne de Migrations Internationales, 25*(1), 71-96.

Lausent-Herrera, Isabelle (2009b). Tusans (tusheng) and the Changing Chinese Community in Peru. *Journal of Chinese Overseas, 5*, 115-152.

Lausent-Herrera, Isabelle (2010). *El Barrio Chino de Lima: entre conservación del patrimonio histórico y recreación del espacio urban*. Ponencia presentada en el Congreso de CEISAL IV, del 30 de junio al 3 julio de 2010, Toulouse.

Lausent-Herrera, Isabelle (2011). The Chinatown in Peru and the Changing Peruvian Chinese Community (ies). *Journal of Chinese Overseas, 7*, 69-113.

Le Blanc, Charles & Susan Blader (1987). *Chinese ideas about nature and society: Studies in honour of Derk Bodde.* Shaukiwan, Hong Kong: Hong Kong University Press.

Lee, Patrick (2004). *Jamaican Chinese Worldwide: One Family.* Toronto: Huntsmill Graphics.

Lee-Loy, Anne-Marie (2010). *Searching for Mr. Chin. Constructions of Nation and the Chinese in West Indian Literature*. Filadelfia: Temple University Press.

Li Carrillo, Víctor (1968). *Estructuralismo y antihumanismo*. Caracas: Universidad Central de Venezuela.

Li Carrillo, Víctor (1986). *El estructuralismo en el pensamiento contemporáneo.* Lima: Carlos Matta.

Li Carrillo, Víctor (1996). *Las definiciones del sofista*. Lima: UNMSM.

Li Kam, Sui-Moy (1997). La inserción china y su expresión organizativa en Costa Rica. *Asogehi, 3-4*, 222-233.

Liang Zai & Hideki Morooka (2004). Recent Trends of Emigration from China, 1982-2000. *International Migration, 42*,(3), 145-164.

Lin, Jan (1998). *Reconstructing Chinatown: Ethnic Enclave, Global Change.* Minneapolis: University of Minnesota Press.

Linares Savio, M.E. (2001). Expresiones de la cultura china en Cuba: el teatro y la música. *La Jiribilla, 21*. http://www.lajiribilla.cubaweb.cu/2001/n21_setiembre/fuenteviva.html

Liu Xie (1996). *Esculpiendo un dragón en el corazón de la literature*. Traducción y selección de *Esculpiendo dragones, Antología de la Literatura China* de Guillermo Dañino. Lima: Pontificia Universidad Católica de Perú.

Lock Reyna, Milagros (2006). De la tiendita al supermercado. Los comerciantes chinos en América Latina y el Caribe. *Nueva Sociedad. Democracia y política en América Latina, 203*.

Lok Siu (2004). El ferrocarril, la tienda y el barrio. En AAVV, *Cuando Oriente llegó a América.* Washington, D.C.: BID.

Look Lai, Walton (1993). *Indentured Labour, Caribbean Sugar: Chinese and Indian Migrants to the British West Indies, 1838-1981.* Baltimore: Johns Hopkins University Press.

Look Lai, Walton (1998). *The Chinese in the West Indies, 1806-1995: A Documentary History*. Mona, Jamaica: University of the West Indies Press.

López, Kathleen M. (2013). *Chinese Cubans: A Transnational History* (*Envisioning Cuba*). Chapel Hill: University of North Carolina Press.

López, K. (2004). One Brings Another: The Formation of Early Twentieth-Century

Chinese Migrant Communities in Cuba. En Andrew R. Wilson, ed., *The Chinese in the Caribbean* (pp. 93-117). Princeton: Markus Wiener.

López-Calvo, Ignacio (2008). *Imaging the Chinese in Cuban Literature and Culture*. Gainesville: Florida University Press.

López-Calvo, Ignacio (2014). *Dragons in the Land of the Condor: Writing Tusán in Peru*. Prólogo de Eugenio Chang-Rodríguez. Tucson: *University of Arizona Press*.

Loyola, San Ignacio de (2010[1521-1523]). *Ejercicios espirituales*. 8.ª edición. Madrid: Edapor.

Lyman, S. M. (2000). The «Chinese Question» and American Labor Historians. *New Politics*, *7*(4).

Martos, Marco (2014). *Caligrafía china*. Lima: Peisa.

Mayer de Zulén, Dora (1946). «Presentación de un valor intelectual». Revista *Oriental*. Lima, diciembre de 1946.

Mayer de Zulén, Dora (1924). *La China silenciosa y elocuente*. Lima: Renovación.

McCunn, Ruthanne Lum (1979). *An Illustrated History of the Chinese in America*. San Francisco: Design Enterprises.

McKeown, Adam (1996). La inmigración China al Perú, 1904-1937. Exclusión y negociación. *Histórica, XX* (1), 59-91.

McKeown, Adam (2001). *Chinese Migrant Networks and Cultural Change*. Chicago: University of Chicago Press.

Meagher, Arnold J. (1975). The Introduction of Chinese Laborers to Latin America: the 'Coolie Trade', 1847-1874. Tesis para optar el grado de Ph.D., Universidad de Davis en California.

Middendorf, Ernest (1973[1864]). *Perú. Observaciones y estudios del país y sus habitantes durante una permanencia de 25 años*. Lima: UNMSM.

Millones Santagadea, Luis (1973). Los chinos en el Perú: cuatro siglos de migración y adaptación en el área andina,». En *Minorías étnicas en el Perú*.

Lima: Pontificia Universidad Católica del Perú.

Mon, Ramón A. (1990). Crónicas de la inmigración *china a Panamá. El Panamá America, 29 de julio al 7 de octubre de 1990.*

Moore, Brian L. (1988). The settlement of Chinese in Guyana in the Nineteenth Century. En Howard Johnson, ed., *After the crossing: immigrants and minorities in Caribbean Creole society* (p. 41). Nueva ork: Routledge.

Montero, Mayra (1998). *Como un mensajero tuyo*. Barcelona: Tusquets.

Montero, Mayra (1999). *The Messenger*. Trad. Edith Grossman. Nueva York: Harper Flamingo.

Moreno Freginals, M. (1989). Migraciones chinas a Cuba: 1848-1959. En Leander, B., coord. *Europa, Asia y África en América Latina y el Caribe. Migraciones libres en los siglos XIX y XX y sus efectos culturales* (pp. 225-247). Paris: UNESCO, Siglo XXI.

Nash, Robert Alan (1973). «The Chinese Shrimp Fishery in California». Tesis para optar el grado de PhD. Universidad de California en Los Ángeles.

Needham, Joseph (1954-1965). *Science and Civilisation in China* (27 vols.) Cambridge: Cambridge University Press.

Niño de Guzmán, Guillermo (1986). *Nuevos cuentistas peruanos.*Lima: Instituto Nacional de Cultura.

O'Phelan Godoy, Scarlett & Margarita Zegarra Flores (2007). Paroles de femmes dans l'immigration chinoise au Pérou. *Diásporas*, *11*, 37-56.

Ong, Paul M. (1985). The Central Pacific Railroad and Exploitation of Chinese Labor. *Journal of Ethnic Studies, 13*(2), 119-124.

Palma, Clemente (1897). El porvenir de las razas en el Perú. Tesis de Doctorado en Letras, UNMSM.

Pan, Lynn (1998). *The Encyclopedia of the Chinese overseas*. Cambridge, MA: Harvard University Press.

Pang Mer & Natasha Chang (1996). k. Nueva York: Doubleday.

Parlamento del Reino Unido (1807). *An Act of the Abolition of the Slave Trade.*

Parlamento del Reino Unido (1834). *Slavery Abolition Act 1833 (citation 3 & 4 Will. IV c. 73).*

Pedroso, Regino (1955). *El ciruelo de Yuan Pei Fu.* Poemas chinos. La Habana: P. Fernández y compañía.

Pedroso, Regino (1984). *Nosotros*. Havana: Letras Cubanas.

Peña Delgado, Grace (2012). *Making the Chinese Mexican: Global Migration, Localism, and Exclusion in the U.S.-Mexico Borderlands.* Palo Alto: Stanford University Press.

Pérez de la Riva, Juan (1966). Demografía de los culíes en Cuba (1853-1874). n *Revista de la Biblioteca Nacional José Martí, 4*.

Pérez de la Riva, Juan (1971). La situación legal del culí en Cuba: 1849-1868. *Caravelle, 16*, 7-32.

Pérez de la Riva, Juan (1974). Los culíes chinos y los comienzos de la inmigración contratados en Cuba (1844-1847). En Pedro Chapeaux Deschamps [Juan Pérez De La Riva], *Contribución a la historia de la gente sin historia*. La Habana: Editorial de Ciencias Sociales.

Pérez de la Riva, Juan (1975). Demografía de los culíes chinos en Cuba 1853-1874. En *Barracón y otros ensayos.* La Habana.

Pew Research Center (2013). *The rise of Asian-Americans*. www.pewsocialtrends.org/2012/06/19/the-rise-of-asian-americans/

Pian del Carpine, Giovanni da [Juan de Plano Carpine] (1839 [1473]). *Historia Mongalorum quos nos Tartaros appellamus. En* M.A.P. d'Avezac (ed.), *Recueil de voyages et de mémoires,* vol. 4, Paris: Geographical Society of Paris.

Pian del Carpine, Giovanni da [Juan de Plano Carpine] (s/f). *Liber Tartarorum o «Liber Tatarorum»* [Libro de los Tártaros o Tátaros].

Platón (2003). *La República* (Πολιτεία Politeia, de polis, ciudad-estado). Obra completa, volumen IV: República. Madrid: Gredos.

Polo, Marco (1984[1298]). *Il milione* ('El millón') o *Los viajes de Marco Polo* o *Libro de las maravillas.* La primera edición impresa fue publicada en Nuremberg en 1477. Traducción de Mauro Armiño. Madrid: Anaya.

Pomfret, John (2000). *A Brain Gain for China*. Washington Post Foreign Service, 16 de octubre.

Pound, Ezra (1915). *Cathay.* Londres: E. Mathews.

Poston, Dudley-Mao; Michael Xinxiang-Yu & Mey-Yu (1994). The global distribution of the Overseas Chinese around 1990. *Population and Development Review, 20*(3), 631-645.

Premdas, Ralph (2004). Belize: Identity and Ethnicity in a Multi Ethnic State. *Canadian Review of Studies in Nationalism, XXXI*(1-2), 1-21.

Ramírez Camacho, Beatriz (1975). Los chinos en México. Esbozo de la comunidad de Tampico. Tesis de Maestría, Universidad Nacional Autónoma de México,

Ramos, Marco Antonio (2003). Apuntes Sobre el Poblamiento Chino de Cuba. *Revista Herencia, 9*(1), 110-119.

Ramos, Martín (1999). La presencia china en el Caribe español: el caso de la frontera caribe de México. Notas históricas. *Revista de Estudios Internacionales para el Desarrollo, 1*(2), 140-143.

Real Academia Española (2001). *Diccionario de la Real Academia* (*DRAE*), 22ª ed. Madrid: RAE.

Real Academia Española (1726). *Diccionario de Autoridades.* 3 vols. Madrid: RAE.

Real Academia Española (2005). *Diccionario panhispánico de dudas.* Madrid: Santillana / RAE.

Rénique, Gerardo (2003). Región, raza y nación en el Antichinismo sonorense. Cultura regional y mestizaje en México posrevolucionario. En A. Grageda (coordinador), *Seis expulsiones y un adiós. Despojos y expulsiones en*

Sonora. Ciudad de Mexico: UNISON & Plaza y Valdez.

República del Perú. Dirección de Estadística (1876). Censo General.

Rodríguez Pastor, Humberto (1979). *La rebelión de los rostros pintados. Pativilca, 1870*. Lima: Instituto de Estudios Andinos.

Rodríguez Pastor, Humberto (1984). *Chinos culíes: bibliografía y fuentes, documentos y ensayos*. Serie Historia 2. Lima: Instituto Apoyo Agrario e Instituto de Historia Rural Andina.

Rodríguez Pastor, Humberto (1989). El inmigrante chino en el mercado laboral peruano, 1850-1930. *Revista Latinoamericana de Historia Económica y Social, XIII-XIV*.

Rodríguez Pastor, Humberto (1991). «Negros y chinos en la historia peruana contemporánea». *Socialismo y Participación,* 55, 69-74.

Rodríguez Pastor, Humberto (2001) Sangre china en rectorado sanmarquino. Conversación con el doctor Manuel Burga Díaz. *Oriental, 71*(8), 29-30.

Rodríguez Pastor, Humberto (2005). «Perú: presencia china e identidad nacional». En *Cuando Oriente llego a América: Contribuciones de inmigrantes chinos, japoneses y coreanos*. Banco Interamericano de Desarrollo. Inter-American Development Bank.

Said, Edward W. (1978). *Orientalism: Western Conceptions of the Orient*. Nueva York: Pantheon.

Sandoval Bacigalupo, Renato (1986). El tramo final de Siu Kam Wen. *El Nacional*, Lima, 26/4/86, p. 3.

Sanz, Carlos (1958). *Primitivas relaciones de España con Asia y Oceanía*, Madrid: Librería General.

Sarduy, Severo (1967). *De donde son los cantantes*. México D. F.: Joaquín Mortiz.

Sarduy, Severo (1974). *Cobra*. Buenos Aires: Sudamericana.

Sarduy, Severo (1984). *Colibrí*. Barcelona: Argos Vergara.

Sarduy, Severo (1987). *Maitreya*. Trans. Suzanne Jill Levine. Hanover, N.H.:

Ediciones del Norte.

Sarduy, Severo (1994). *From Cuba with a Song*. Trans. Suzanne Jill Levine. Los Angeles: Sun and Moon Press.

Saxton, Alexander (1966). The Army of Canton in the High Sierra. *Pacific Historical Review, 35*(2), 141-151.

Schiavone Camacho, Julia María (2012). *Chinese Mexicans: Transpacific Migration and the Search for a Homeland, 1910-1960*. Durham: University of North Carolina Press.

Schlegel, Gustave (1892). *Fu-Sang Kouo, le pays de Fu-Sang. Extrait du Toung-Pao*, 3, 2 (Leiden, Brill).

Severino, J. (2006). Chinos en República Dominicana tienen más de 500 negocios». *El Listin Digital*. http://www.listindiario.com.do/antes/noviembre06/101106/cuerpos/dinero/din3.htm [Consulta: 13/12/ 2006].

Sigüenza y Góngora, Carlos de (1690). *Infortunios de Alonso Ramírez*. México.

Siu, Kamwen (1985). *El tramo final*. Lima: Lluvia.

Siu, Kamwen (1988). *La primera espada del imperio*. Lima: Instituto Nacional de Cultura.

Siu, Kamwen (2008). *La vida no es una tómbola*. Lima: UNMSM.

Siu, Kamwen (2010). *El furor de mis ardores*. Lima: Casatomada.

Siu, Kamwen (2012). *El verano largo*. Lima: Casatomada.

Sociedad Editorial Panamericana (1924). *La Colonia china* en el *Perú, Instituciones* y *Hombres representativos*: su *actuación benéfica* en la *vida nacional. Lima: Panamericana.*

Sue-A-Quan, Trev (1999). Cane Reapers: Chinese Indentured Immigrants in Guyana. En *Chinese in Guyana: Their Roots*. http://CGRoots.tripod.com.

Stewatt, Watt (1951). *Chinese Bondage in Peru: A History of the Chinese Coolies in Peru, 1849-1874*. Durham, N.C.: Duke University Press.

Takaki, Ronald (1998). *Strangers from a Different Shore: A History of Asian Americans*. Nueva York: Blackday.

Tan, Chee-Beng, Colin Storey & Julia Zimmerman (2007). *Chinese overseas: migration, research and documentation*. Hong Kong: Chinese University Press.

Tanco Armero, Nicolás (1861). *Viaje de la Nueva Granada a China y de China a Francia*. París: Imprenta de Simón Racon y Compañía.

Tang Zambrana, J. (2002). Los chinos californianos de La Habana en el siglo XIX: el verbo de la comunidad. *La Jiribilla, 75*. http://www.lajiribilla.cu/2002/n75_octubre/1763_75.html

Thomas, Hugh (1998). *The Slave Trade. The Story of the Atlantic Slave Trade: 1440-1870*. Nueva York: Simon & Schuster.

Tortello, Rebecca (2003). *Out of many cultures the people who came. The arrival of the chinese*. www.jamaica-gleaner.com/pages/history/story0055.htm.

Tudela, Benjamín de (1543). *Libro de Viajes* (*Séfer Masaot*). Constantinopla.

Ulmen, G. L. (1978). *Society and history: essays in honor of Karl August Wittfogel*. La Haya: Mouton.

Ulmen, G. L. (1978). *The Science of Society. Towards an Understanding of the life and Work of Karl August Wittfogel*. La Haya-Nueva York: Mouton.

Valdés, Zoé (1999). *I Gave You All I Had*. Trad. Nadia Benabid. Nueva York: Arcade.

Valdés, Zoé (1996). *Te di la vida entera*. Barcelona: Planeta.

Valdés Bernal, Sergio (1998). *Lengua nacional e identidad cultural del cubano*. La Habana: Editorial de Ciencias Sociales.

Valiño, O. (2001). Títeres chinos en La Habana. *La Jiribilla, 21*. http://www.lajiribilla.co.cu/sumario/anteriores_c.asp?seccion=10

Varela, Beatriz (1980). *El chino en el habla cubana*. Miami: Universal.

Vargas Martínez, Gustavo (1980). *Fusang. Chinos en América antes de Colón*.

México: Trillas.

Velázquez Morales, Catalina (2001). *Los inmigrantes chinos en Baja California.* Mexicali: Universidad Autónoma de Baja California.

Velázquez Morales, Catalina (2011). Tres migraciones chinas en Baja California 1899-1945. *Revista del Instituto de Investigaciones Históricas,* UABC. http://www.uabc.mx/historicas/Revista/Vol-I/Numero%201-/Contenido/Tres%20migraciones.htm

Vivanco, Aurelio de (1924). *Baja California al día.Distritos del Norte y Sur de la Península.* Los Ángeles: Wolfer Printing Co.

Wang, Gungwu (2001). *Migration and the Chinese.* Singapur: Times Academic Press.

Wang Xinjian (1985). Entrevista con latinoamericanistas chinos: El profesor Chang-Rodríguez visita China. *China Reconstruye,* 26(12), 60-61.

Waters, Mary-Alice (2011). Conferencia celebrada el 27 de junio de 2011 en Guangzhou, China, sobre la historia de los chinos en Cuba. *El Militante, 75*(31). http://www.themilitant.com/2011/7531/753180.html [Consulta: 20/10/ 2013].

Wilhelm, Hellmut (1977). *Heaven, Earth, and Man in the Book of Changes.* Madison: University of Wisconsin Press.

Williams, S. Wells (1873). *Diplomatic Dispatches, China, 35* (Williams a la Oficina de Relaciones Exteriores China, 1° de agosto de 1873, N° 4- 8).

Wilson, Andrew R. (2004). *The Chinese in the Caribbean.* Princeton: Markus Wiener.

Wittfogel, Karl (1957). *Oriental despotism; a comparative study of total power.* New Haven: Yale University Press.

Wong, Bernard (1978). A Comparative Study of the Assimilation of the Chinese in New York City and Lima, Peru. *Comparative Studies in Society and History, 20*(3), 335-358.

Wong, Bill (1998). Cuba's Chinatowns: Tales from the Diaspora. *Asian Week. The Voice of Asian America, 19*(33), 9-15.

Wong, Mario (1997). *El testamento de la tormenta*. Madrid: Huerga & Fierro.

Wu-Brading, Celia (1986). *Testimonios británicos de la ocupación chilena de Lima, 1881*. Lima: Milla Batres.

Wu-Brading, Celia (1993). *Generales y diplomáticos, Gran Bretaña y el Perú 1820-1840*. Lima: PUCP.

Wu-Brading, Celia (2006a). *Entre dos mundos. Una influencia chino-peruana*. México: Artes de México.

Wu-Brading, Celia (2006b). Recuerdos de familia. *Istor, 2*, 70-100.

Xu Shicheng (s/f). Las culturas de China y de América Latina: características, nexos históricos e influencias mutuas. http://biblio.juridicas.unam.mx/libros/6/2702/5.pdf [Consulta: 23/10/2013]0.

Yau, Julio (1972). *El Canal de Panamá, calvario de un pueblo*. Madrid: Mediterráneo.

Ying-Hui Wu, Dana & Jeffrey Dao-Shing Tung (1993). Introducción. En *Coing to America. The Chinese-American Experience*. Brookfield, CT: The Millbrook Press.

Yun, Lisa (2001). Chinese Coolies and African Slaves in Cuba, 1847-1874. *Journal of Asian American Studies, 4*(2), 99-122.

Yutang, Lin (1945). *Sabiduría china. Buenos Aires: Academus.*

Zevallos, Johny (2013). *Nurerdín-Kan* (1872), primera novela sobre la inmigración china al Perú. http://www.elhablador.com/articulos20_zevallos.html [Consulta: 12/1/2014].